U0491492

中社智库

新时代智库出版的领跑者

智库 中社

国家智库报告（2021）

National Think Tank (2021)

中俄战略协作高端合作智库
Council on China-Russia Strategic Coordination, CASS

“中俄战略协作与全球治理”系列智库报告

主　编　　孙壮志

新形势下欧亚地区合作

（2020）

COOPERATION IN EURASIA UNDER THE NEW SITUATION (2020)

孙壮志　主编

中国社会科学出版社

图书在版编目（CIP）数据

新形势下欧亚地区合作．2020／孙壮志主编．—北京：中国社会科学出版社，2021.1
（国家智库报告）
ISBN 978-7-5203-7489-7

Ⅰ.①新… Ⅱ.①孙… Ⅲ.①国际合作—区域经济合作—研究报告—欧洲、亚洲—2020 Ⅳ.①F150.54②F130.54

中国版本图书馆CIP数据核字（2020）第222750号

出 版 人 赵剑英
项目统筹 王 茵 喻 苗
责任编辑 范晨星 侯聪睿
责任校对 冯英爽
责任印制 李寡寡

出 版 中国社会科学出版社
社 址 北京鼓楼西大街甲158号
邮 编 100720
网 址 http://www.csspw.cn
发 行 部 010-84083685
门 市 部 010-84029450
经 销 新华书店及其他书店

印刷装订 北京君升印刷有限公司
版 次 2021年1月第1版
印 次 2021年1月第1次印刷

开 本 787×1092 1/16
印 张 13
插 页 2
字 数 168千字
定 价 78.00元

编委会

摘要：2020年是人类历史上极不平凡的一年。这一年是中华民族决战小康社会建设、争取实现全面复兴、深化与外部世界良性互动的重要时间节点，同时也是国际社会抵制孤立主义和保守主义、反对单边主义和霸权主义，共同开启新一轮全球化、推动全球治理体系改革的重要历史关头。然而，不期而至的新冠肺炎疫情全球大流行，极大地冲击了人类社会的发展议程，也严重地扰乱了中华民族的前进步伐。疫情已成为影响当前国家间关系，乃至国际格局及秩序变动的重大因素。本书以新冠肺炎疫情为背景，深入剖析了疫情影响下世界秩序的延续与重构、国际格局的变化、大国关系的走向、多边主义的时代意义等重大问题，系统梳理了欧亚国家受新冠疫情的影响，中国与欧亚国家在政治、经济、科技、医疗卫生等领域的合作，阐述疫情促使人类命运共同体理念更加深入人心，携手抗疫意义重大，以及中国在参与全球抗疫中所做出的重大贡献。在分析新形势下“一带一路”所面临的机遇和挑战的基础上，强调中俄合作对地区经济重建的重要作用，以及上海合作组织在参与全球治理与欧亚地区多边合作中的积极作用。

关键词：国际格局　人类命运共同体　全球治理　多边主义

Abstract: Year of 2020 is unusual in human history. This year is an important point for Chinese in building a moderately prosperous society in all respects, achieving the great rejuvenation, and deepening positive interaction with the world outside. It is also an important historical juncture for the international community to boycott isolationism, against unilateralism and hegemonism, and promote new rounds of globalization together, and build a fairer global governance system. However, the unexpected global pandemic of the COVID – 19 has greatly impacted the development agenda of human society, and severely disturbed the progress of the Chinese. The epidemic has become a factor which has strongly affecting the current international relations, and shock the international order.

This book provides an in-depth analysis of major issues under the influence of pandemic such as, the continuation and re-construction of the world order, changes in the international pattern, the development of great power relations, and the meaning of multilateralism. Meanwhile, this book not only summarizes the impact of COVID – 19 pandemic in Eurasian countries, but also the cooperation between China and Eurasian countries in the fields of politics, economy, technology, medical and health, illustrated that the epidemic has promoted the concept of a community with a shared future for mankind more deeply rooted into people's heart, the great significance of hand in hand to combat the epidemic and China's contribution in participating this battle of anti-epidemic. Based on the analysis the opportunities and challenges which the "Belt and Road" faced under the new situation, the book emphasizes the important role of Sino-Russian cooperation in regional economic reconstruction, and the Shanghai Cooperation Organization in participating in global governance and multilateral cooperation in Eurasia.

Key words: International pattern; A community with a shared future for mankind; global governance; multilateralism

目 录

一　全球格局新变化

2020 年新冠肺炎疫情席卷全球，疫情对全球化趋势、国际格局和国际秩序都产生了深刻影响。疫情背景下国际格局将会如何变化？国际秩序将会如何重塑？大国关系将会如何演变？在国际格局及国际秩序发生深刻变化的背景下，中国将何去何从？本章将从不同角度回答上述问题。

（一）世界秩序重构：发展与挑战

1. 危机与世界秩序①

关于世界秩序问题的讨论，之所以在今天成为热点，是与本书题目的两个方面密切联系着的。其一，与危机现象有关：因为历史上历次世界秩序的根本性更替，大多是由于全局性的危机所造成，或者是由大大小小的局部危机所引发，最终形成全局性的秩序更替。其二，与世界秩序本身的状态有关：如果，世界秩序本身处于制度形成后的上升时期，或者是稳固时期，那么，危机局势再凶险，也无法撼动整个世界秩序；如果，或是因为秩序设计理念的偏颇，或是因为政治、经济不平衡规律作用之下力量格局的迅速变化，世界秩序本身已经进入了风雨

---

① 本部分作者：冯绍雷，华东师范大学俄罗斯研究中心主任，中国社会科学院中俄战略协作高端合作智库常务理事，教授。

飘摇的状态，那么，不光某一领域将会危机，而且，将会出现多重领域的危机并发，导致世界秩序的变更。2020 年的国际社会所面临的正是这样一种局面。

可以从以下三个方面展开讨论。第一，危机如何与世界秩序相关联？换言之，国际史上各种类型的危机是如何作用于世界秩序的更替？第二，当今国际秩序具有什么特点？也即，冷战后的世界秩序处于何种基本状态之下？第三，2020 年在面临多重危机的挑战时，既有的世界秩序究竟何去何从？

（1）国际危机如何与世界秩序相关联？

国际危机有各种各样，其中有几种危机是与世界秩序问题有着直接的或比较直接的关联。我们这里所主要讨论的危机，一般指影响全局、延续相当一段时间、大规模的危机，而不是局部的、短暂的、小规模的危机。笔者试把这些危机分为以下四类。

①第一类危机：战争与革命

大规模战争是与世界秩序问题关系最为密切的危机，而战争又经常与革命互相联系着，深刻影响着世界。从历史看，近代国际体系建立以来，每一次新的世界秩序的出现，大多是通过战争与革命来实现的。

a. 三十年战争与威斯特伐利亚体系的确立

1648 年建立的威斯特伐利亚体系，是近代民族国家体系的一个重要开端，是世界秩序构建历史上的一件大事。这个体系建立的直接动因，就是延绵不断的“三十年战争”所引发的欧洲全面危机状态。1648 年该体系确立之后，第一，欧洲事务不再由教廷号令天下，“民族国家至上”原则主导了国际事务，国家内部事务不受外来干预；第二，主权原则意味着欧洲各国各自的历史文化传统、各自的政治经济多样性，得到了某种程度的确认。犹如基辛格所言：首先，“这一体系妙就妙在它的各项规定不是实质性的，而是程序性的。这也是这一体系得以在世界范围内广为流传的原因。一国若是能够接受这些最基本的规定，即可被接纳为国际社会成员，继续保持自己的文化、政治、宗教及国内政策，并得到国际体系保护，不受外来干涉”。[①] 第二，也正因此，与帝国或教廷理论上只承认一个完全合法的权力中心的情况不一样，“威斯特伐利亚概念则把多样性当作起点，把各国视为客观存在的现实，以此吸引了情况各异的国家，共同探索秩序。到20世纪中叶，这一国际体系已涵盖地球各大洲，至今仍是国际秩序的骨架”。[②]

b. 法国大革命与拿破仑战争后的维也纳体系

1789年法国大革命之后，一方面，拿破仑称帝制宪——以这种特别的方式保障革命成果；另一方面，通过欧洲战争，推广革命。当时，欧洲君主体制国家，如英国、俄国、普鲁士、奥匈帝国等，不甘于欧洲既定秩序被推翻，联合起来打败了拿破仑。经过1814年的谈判，建立维也纳体系。这一体系的核心构架在于：英、俄、普、奥组成的“四国同盟”联合维护欧洲的领土秩序不容变更；抵制对各国国内体制的威胁；吸收战败国法国在内的大国［Great Power（大国）一词即为当时的产物］，通过多边会议协商处理国际事务；[③] 有节制地处理战后事宜，法国的边界得到保护，外国军队占领极为短暂，赔款有限，一直到1818年法国被接纳为“欧洲协调”组织的正式成员，欧洲不能有任何一国变得过于强大成为各大国处理外交事务的基本诉求。[④] 在这样的安排之下，恩格斯乃至于基辛格都曾经说过，1814年之后欧洲维持了“百年和平”。虽然，是否真正是

① ［美］基辛格：《论世界秩序》，胡利平等译，中信出版集团2015年版，第23—24页。

② 同上书，第75页。

③ ［英］霍布斯鲍姆：《革命的年代》，王章辉译，江苏人民出版社1994年版，第135页。

④ 同上书，第132—133页。

百年和平有所争议，毕竟在此期间还是发生了一些重要的战争。但是，和平总体上长时间地在欧洲得以维持，这是历史事实。非常值得后人探讨的一个问题是：为什么维也纳体系能够维持那么长时间的欧洲和平？作为“均势战略”专家的基辛格回答道：“一种国际秩序的生命力体现在它在合法性和权力之间建立的平衡，以及分别给予两者的重视程度。无论合法性还是权利都不是为了阻止变革，两者结合是为了确保以演变的方式，而不是通过各方赤裸裸的意志较量实现变革。”① 而笔者则以为：维也纳体系包含的是自由主义、保守主义、民族主义三种基本思潮相互之间的内在制约与平衡，恐怕是更为深层的原因。②

c. 第二次世界大战后的雅尔塔体系

第二次世界大战结束后所建立的雅尔塔体系，纠正了第一次世界大战之后凡尔赛体系缺乏对战败国的有效制约、无力应对国际危机的缺点，维持了迄今为止尚能运行的国际体系的基本构架。该体系的核心在于：第一，美、英、中、法、苏五大国组成安理会；第二，以安理会为核心组成联合国，并以世界贸易组织、国际货币基金组织、世界银行等一系列国际组织加以保障。这一体系虽以大国为主导，但也有一国一票的联合国大会机制予以呼应。虽然雅尔塔体系并没有避免历时半个世纪之久的冷战式东西方对抗，但是，由战争直接推动建立的雅尔塔体系，终究迄今还维持着自第二次世界大战以来的（尽管存在着各种局部战争前提下的）总体和平。

以革命和战争方式所推动建立的世界秩序，总体说来，由于战胜国与战败国的界限分明，利益关系明确，也因为对于战

① ［英］霍布斯鲍姆：《革命的年代》，王章辉译，江苏人民出版社 1994 年版，第 75 页。

② 笔者曾于 *Russia in Global Affairs* 上发表了与该问题有关的“*Looking towards the Future with an Eye to the Past*”的英文文章，对于这一问题仍需专文阐述。

后安排的深入考量，比如，在第二次世界大战结束之前两年，美、英、苏之间——包括中国——就开始了建立世界秩序的谈判。

②第二类危机：国际经济危机所导致的国际格局重组

与全面战争带来的重铸世界秩序的直截了当的要求有所不同，全局性的国际经济—金融危机对于世界秩序变更的影响，更多的是通过对于国际经济—金融体制的重构来实现的。

a. 1929 年大萧条：导致英美换位与希特勒崛起

经过了 20 世纪 20 年代繁荣发展，1929 年到 1933 年年初，美国经济出现了全面衰退，GDP 下降 30%，十多万家公司破产，1500 万工人失业。同时，20 世纪 20 年代美国经济的狂热发展曾严重影响欧洲。美国经济崩溃的同时，大量资金回流，使得欧洲经济雪上加霜。1931 年英国被迫放弃金本位，英镑霸主地位不得不让位于美元。霍布斯鲍姆认为：大萧条带来的是世界的一分为三，对大萧条具有免疫力的苏联模式站稳脚跟；北欧式、凯恩斯主义式强调政府干预的改良资本主义模式开始风行；同时，法西斯主义的崛起，直接为第二次世界大战做了铺垫。①

b. 1997—1998 年亚洲—俄罗斯金融危机：成为全球范式转型的前奏

冷战结束后，美国主导下的国际货币基金组织（尽管是由欧洲人担任其领导），一方面，依然在各国宏观经济的治理中，特别是对发展中国家、转型国家而言，发挥着重要作用；另一方面，强行推动各国开放国内金融市场，使得亚洲国家在受到国际游资严重冲击的情况下推行严苛的紧缩政策。这不光使东亚国家，也使俄罗斯经济受到沉重打击。中外专家认为，IMF 当时推动的援助，特别是同时要求各国进一步地开放国内金融

① ［英］霍布斯鲍姆：《极端的年代》，郑明萱译，江苏人民出版社 1999 年版，第 110 页。

市场，允许外国金融机构进入，更多的是为让发达国家受益。①在此背景下，当时亚洲各国雪崩式地降低汇率以自保，唯有中国坚持汇率政策不变，维持了亚洲经济的稳定；同时力挺中国香港地区顶住国际游资的打击，获得了国际赞许与信任。1997—1998 年的亚洲—俄罗斯金融危机直接导致了在此之后，中俄两国不同程度地转向告别“华盛顿共识”，开始了在 21 世纪逐步走向强调自主发展与改革模式的一个重要起点。

c. 2008 年国际金融危机推动下从 G7 到 G20 的国际治理体制转型

2007 年夏季，美国次贷危机爆发，导致过度投资次贷金融衍生品的公司和机构纷纷倒闭，在全球范围引发严重的信贷紧缩。2008 年 9 月，雷曼兄弟公司破产和美林公司被收购标志着金融危机全面爆发。随着虚拟经济的灾难向实体经济扩散，世界各国经济增速放缓，失业率激增，许多国家出现严重的经济衰退。正是在这样的背景之下，出现了一个关键性的重要变化：当时的美国总统奥巴马、法国总统萨科齐与胡锦涛主席等领导人经过电话磋商，决定在原来 G7f 之外，建立 G20 这一包括主要新兴国家在内新的国际协调机制。这是 21 世纪以来世界秩序变迁中，特别是国际经济治理领域的关键举措。

总之，国际经济—金融危机影响下，通过国际国内关键性体制、机制的改革，重组国际力量格局，推动了世界秩序的变化。尽管不是通过战争，但危机后国际社会治理方式的变化，同样影响深远。

③第三类危机：反体制力量引发危机对世界秩序的深层影响

过去几十年中，反体制力量曾经出现于东西方各国。尽管

① 何秉孟等主编：《亚洲金融危机：最新分析与对策》，社会科学文献出版社 1998 年版，第 110 页。

其形式各异、主旨不一，其中既包括学生运动、社会抗议运动，也涉及以极端恐怖主义形式反对现行国际国内体制的活动，等等，但是，反对国际国内的现行体制这一鲜明而近似的特征是其共同点。笔者拟以此出发，探讨反体制趋势对于国际秩序变更的影响。

a. 1968 年学生运动对西方世界的重大冲击

1968 年学生运动是当代世界历史转型的一个界碑：这场遍及欧美各国大学校园、轰轰烈烈、史无前例的自发的“反体制运动”，推动战后西方福利国家进入新阶段，同时，也导致国际反霸——既反对美国发动越战，也反对苏联侵占捷克斯洛伐克——和国际缓和阶段的到来。从现代性的视角来看，1968 年学生运动体现着广泛意义上的从“现代”向“后现代”的时代转换。从社会转型与人文知识体系的相互关系来看，1968 年学生运动不但尖锐批判西方战后的片面工业化，挑战欧美国家机器以及意识形态的衰朽，而且直接挑战西方自由主义价值的合理性。学生青年们直言：现行的西方知识体系貌似价值中立、貌似科学，实际上都是用来维护工业资本主义的意识形态。当时学生运动的口号，是要“终结”资本主义的意识形态。[①] 同时，1968 年革命导致旧左派的衰落，战后一度始终保持活力的欧洲共产主义思潮和运动也从此走向式微。1968 年学生运动以其独特的震撼传统社会的方式，实际上为 20 世纪 70 年代末西方新保守主义的崛起而推波助澜。

b. “9 · 11”事件后的大国关系

2001 年的“9 · 11”事件，乃是第二次世界大战以来美国本土第一次受到外敌的袭击，当时这也被称为“改变世界”的历史性事件。这一重大事件的作用在于：第一，为美国保守主

① ［美］理查德 · 丁 · 伯恩斯坦：《社会政治理论的重构》，黄瑞祺译，译林出版社 2008 年版，第 7—9 页。

义——也即以先发制人的强行手段维护美国国家利益、到处强行推广西方式民主的——国际战略路线，打开了大门；奥巴马的顾问罗·本兹认为，"9·11"事件发生期间美国犯了一个常见错误，因为把手伸得太长而加速了一个超级大国的衰落。① 第二，"9·11"事件之后一度出现中、美、俄和其他大国之间联合反恐的短暂合作，这为后人留下启示：危机之下，大国依然可以紧密合作。

c. 20、21 世纪之交以来遍及各地的社会抗议运动

一方面，自 2000 年西雅图反全球化示威以来，以占领华尔街、黄马甲运动等为代表的西方各国的反体制抗议不断。另一方面，从科索沃危机推翻米洛舍维奇政权后，格鲁吉亚、乌克兰、吉尔吉斯斯坦等国内部的严重腐败、贫富差距与官僚主义，接连引发政权更替，引发新兴国家的高度警惕。近年来，西方出版界出现了一些对"颜色革命"的研究和著作，披露由西方政府和非政府组织推动，运用各种秘密和公开手段，在新兴国家策动"颜色革命"的内幕，令人触目惊心。②

总之，反体制力量，不同于战争与革命，也不同于经济—金融危机，但其以超越国界的、非常规性质的，以意识形态批判或现代信息传播方式，自下而上地动员民众走向社会抗议甚

---

① Ben Rhodes, "The 9/11 Era Is Over", *Atlantic*, April 6, 2020, https://www.theatlantic.com/ideas/archive/2020/04/its-not-september-12-anymore/609502/.

② Peter Baker, "Tbilisi's 'Revolution of Roses' Mentored by Serbian Activists", *Washington Post*, November 25, 2003, https://www.washingtonpost.com/archive/politics/2003/11/25/tbilisis-revolution-of-roses-mentored-by-serbian-activists/8cf6a82c-e1ee-4f4a-9276-b5fb6521c3fc/; Polese A., Beacháin D Ó, "The Color Revolution Virus and Authoritarian Antidotes: Political Protest and Regime Counterattacks in Post-Communist Spaces", *Demokratizatsiya*, Vol. 19, No. 2, 2011, p. 111; David Lane, "'Coloured Revolution' as a Political Phenomenon", *Journal of Communist Studies & Transition Politics*, Vol. 25, No. 2-3, 2009, pp. 113-135.

至以暴力恐怖主义等方式，挑战现行的治理模式，深刻而有力地影响着世界秩序的演进。

④第四类危机：国际大灾变影响下的世界秩序

历史地看，国际大灾变同样也是时而直接、时而间接地引发世界秩序发生变化的重要动因之一。虽然，灾变往往是与其他社会危机相交互，共同作用于秩序变化，但这一“无形之敌”作用力之凶险难测、突如其来，往往会产生始料未及的严重后果。

a. 14 世纪的欧洲黑死病与欧洲大转型

1347—1353 年，从意大利西西里岛开始暴发，而后波及整个西欧的这场大瘟疫，使西欧将近 1/3 的人口因此丧生。此后瘟疫在西欧各地又多次暴发，甚至传到了北欧与俄罗斯。黑死病大流行期间，中世纪以来一直受到迫害的犹太人被严重“甩锅”，成为被各种谣言和诽谤的攻击对象，受到驱逐与迫害。但同时，这场灾难不仅冲击了欧洲的农业，还推动了纺织业、畜牧业等产业的发展，改变了城市面貌，刺激了当时汉萨同盟的对外贸易。到 14 世纪末，走出黑死病灾难的西欧很快就进入了一个快速发展时期。意大利文艺复兴在此时也逐渐进入高潮。黑死病在欧洲历史上打下了深深烙印。①

b. 1918 年大流感与战后秩序安排

流行病学的研究证明，一种新的流感病毒 1918 年年初发源于堪萨斯州哈斯科县。但因为在战争期间，各国严格保密，只有作为中立国的西班牙当时公布了流感的消息，此后，这一病毒被习惯性称为“西班牙病毒”。② 这是一场非常可怕的灾难。

---

① 王亚平：《德国通史第一卷：封建帝国时代》，钱乘旦等主编，《大国通史》丛书，江苏人民出版社 2019 年版，第 401—479 页。

② 参见［英］凯瑟琳·阿诺德《1918 年之疫：被流感改变的世界》，田奥译，上海教育出版社 2020 年版；［美］约翰·M. 巴里：《大流感》，钟扬等译，上海科技教育出版社 2018 年版。巴西权威流行病史研究学者非常明确地记载了关于病毒的起源地问题。

通过军队和战舰长途运输，把病毒也一起带到了世界各地，包括中国。记载表明，得病者痛苦非凡，剧烈的咳嗽甚至会造成肋骨和胸部肌肉撕裂。当时的世界人口是现在的1/3，但此次疫情大约有5000万人丧生，有人认为实际死亡人数可能多达1亿人，而在此次战争中阵亡的不过2500万人。

历史记载表明，美国总统威尔逊参加巴黎和会期间，已经得了严重流感，体温达到39.4℃。与各国元首谈判的时候已经神志不清，臆想中自己的住处都是法国间谍。本来威尔逊坚决不同意法国总理克里孟梭提出的主意，也即法国要求德国赔款并承担发起战争的全部责任。“但出乎意料地，在没有事先通知其他美国人或进行商榷的情况下，威尔逊突然放弃了他之前恪守的原则。（其中包括）萨尔地区煤炭资源丰富的矿区开采权归法国所有，德国在普法战争后强占的阿尔萨斯和洛林地省从德国版图中移还法国。西普鲁士和波兹南则分给了波兰——‘波兰走廊’就此产生，将德国一分为二。”① 威尔逊也对意大利的大多数要求做出让步，并且同意日本获得德国在中国的特权。英国首相劳合·乔治在评论威尔逊的状态时说，他的“神经和精神在回忆中期崩溃了”。有人曾经怀疑，威尔逊总统当时已经中风。但是，威尔逊本人最信任的助手格雷森则认为：流感，是威尔逊最后崩溃的原因。这就是这场灾难直接影响了世界秩序形成的一段历史记载。②

这段历史留下的教训是：一场大流感，人类文明差点就灰飞烟灭。巴里在《大流感》一书中写道：“1918年大流感的最后一条教训，即那些身居要职的权威人士必须降低可能离间整个社会的恐惧，可谓知易行难。——当权者必须珍惜公众对他

---

① ［美］约翰·M. 巴里：《大流感》，钟扬等译，上海科技教育出版社2018年版，第399—407页。

② 同上。

们的信任。正途就是不歪曲真相，不文过饰非，也不试图操纵任何人。——不论真相有多么恐怖，领导者都必须将其公布于众。只有这样，人们才能打破恐惧。”①

c. 切尔诺贝利事件与冷战的终结

1986年4月26日，当时苏联，现在乌克兰境内靠近白俄罗斯的切尔诺贝利核电厂发生爆炸。这次灾难所释放出的辐射线剂量是广岛原子弹爆炸的400倍以上，造成损失大概2000亿美元（包括通货膨胀因素在内）。该事故被认为是历史上最严重的核电特大事故。

这场灾难给苏联晚期政治经济，特别是人们的精神状态带来了巨大冲击。不光美苏所拥有的可能毁灭人类的核武库，成为推动当时美苏和解、终结冷战的动力之一，而且核灾难中所暴露的苏联体制的弊端，也成为导致苏联解体的直接背景之一。

总之，国际规模的巨大灾变，往往是和其他社会变化一起直接或间接地推动着世界秩序的变化。但是巨大灾变所带来的危害，比如人员伤亡惨重、对整个社会突如其来的颠覆性破坏，经常会大大超过人为预谋所造成的危害。

综合地看，第一，关于危机现象如何作用于世界秩序的变化，如此宏大的话题，如果仅仅是用上述一一对应的方式加以表述，显然只是冰山一角、沧海一粟而已。本书所述，仅仅是提出危机现象与世界秩序的变化之间存在着事实与逻辑的关联性，远未深入发掘每一次重大危机与世界秩序的变更与延续相互之间多方面、多领域的复杂关系。比如，地区的、局部性质的危机如何作用于世界秩序的最终变化，这些次一级的危机与全局性危机有何联系，这些都是非常值得深入探讨的问题。

第二，自威斯特伐利亚体系确立以来的每一次世界秩序的

---

① ［美］约翰·M. 巴里：《大流感》，钟扬等译，上海科技教育出版社2018年版，第486页。

变更，几乎都导致了秩序变更以后的多元、多样、多极力量的共同参与甚至共同主导下的世界秩序：1648 年威斯特伐利亚体系意味着欧洲内部多元化的初现；1814 年维也纳体系意味着跨欧亚大陆的、以帝国为承载的各大文明之间的共处；1945 年雅尔塔体系则是包含着美、英、法、中、俄（苏）的更加包容广泛的遍及东西方各大文明体系在内的多元化共存；包括 2008 年国际金融危机之后的世界经济治理系统中出现的从 G7 向 G20 的变化，尽管远未结束冷战后美国称霸的格局，但同样意味着世界秩序演变中的多元、多极行进的强劲势头。

第三，人类文明积累中的一项宝贵财富，乃是面临危机，能够在历次世界秩序形成过程中以理性中立的程序性安排，来取代剑拔弩张的不同宗教、意识形态、文明乃至种族之间观念与利益的尖锐冲突；能够以互相尊重、容忍、谅解、行为适度和从长计议的态度来处理大国间的抗衡。

第四，当下人们普遍关注 GDP 式的、坚船利炮式的，抑或以数据化综合国力为表征的力量格局和秩序演变。但是，观念性力量、非常规的，或者不可知灾变的力量在世界秩序演变中所发挥的作用，似乎还远远没有引起充分的重视。本章通过对 1968 年学生运动、“9·11”事件等对于思想与意识形态如何影响世界秩序变更问题的探讨，只是刚刚掀起大幕一角，还远待进一步的探讨。

（2）冷战后世界秩序的过渡期：基本特点

在历史地、综合地对上述危机与世界秩序演变之间关系做扼要回顾之后，进一步探究作为过渡期的冷战后世界秩序的现有状态，是为搞清楚基本的国际变量，究竟是一个怎样的结构和趋势。

与战争和革命所带来世界秩序变更的一个关键性区别，在于 1989—1991 年苏联解体和冷战终结所形成的世界秩序变化，是在相对和平条件下进行的。战争条件下，犹如斯大林所说，坦克开到哪里，就可以在那里建立起自己的制度。但和平时代就不一样，虽然力量格局实际上也在变化，然而，基本上只能通过沟通、谈判、妥协、竞争、合作、结盟等非暴力方式，当然，也包括使用恐怖袭击、街头革命、混合战争、网络攻击等非常规方式，来影响秩序变化进程。

所以，从形态上看，处于过渡时期的世界秩序，一方面，既存的体制、机制还在发挥作用；另一方面，原有体制机制出现了大量的转型、变更甚至空白和灰色地带。这就是“半秩序”状态。

具体说来，这样的国际社会“半秩序”状态至少有以下三个特征。

①全球秩序范式的总体转型

什么叫“全球秩序范式的总体转型”，至少应包含三个要素：国际治理方式的延续与变更；主要国家国内治理体制的保持和改革；与之相应的各国的或者多国协同的战略、策略应对。这三个方面相互作用、相互关联，构成全球范式转型的基本内容。①

就全球秩序范式转型的基本取向而言，冷战终结以后，发生了很大的变化。大体上，从新自由主义为背景、美国为绝对主导地位的“三位一体”的国际范式，正在走向呈现高度不确定性的状态。从发展趋势上看，第一，国际多元化格局的出现——借助于冷战胜利的红利，美国独霸世界的意图曾经在20世纪90年代初凸显。但是在20、21世纪之交，国际格局的天平转向了多极、多样、多元化的发展。国际治理结构从G7转向G20是其显著的标志。第二，新威斯特伐利亚模式的国内结

① Andrei P. Tsygankov, *Russia and the West from Alexander to Putin: Honor in International Relations*, Cambridge University Press, 2012, pp. 216 – 235.

构——作为国际政治基本单位的国家，从冷战刚刚结束之时普遍模仿欧美民族国家建构方式，逐渐转向确立各自的自主性、寻求符合各国自身特点的治理模式。第三，国际的战略互动由全球走向区域——借助全球化之势，美国全球战略在20世纪90年代一度高歌猛进，北约东扩式的伸展曾经不可一世。但在20、21世纪之交，以伊拉克战争为标志，美国逐渐地与其他大国的战略目标出现疏离和争议：欧盟从一体化走向货币联盟，东亚合作跃跃欲试，以中俄合作为基础的上海合作组织宣告成立。地区事务重要性逐渐上升，地区合作模式纷纷涌现，但同时也进入了地区冲突的高发期。在国际与区域秩序的过渡期，尽管和平条件下，没有发生大规模的战争，但是，希望通过战争释放能量、达到利益诉求的那部分人，还是通过化整为零、大大小小的一次又一次冲突与地区战争，以期实现自己的图谋。比如，科索沃战争、格鲁吉亚冲突、乌克兰危机、叙利亚战争，还有持续不断的“颜色革命”。

总之，首先，是从“华盛顿共识”向新兴国家自主治理模式的内部转向。其次，东西方外交战略互动出现从合作主导，走向竞争与合作兼有的外部转向。最后，世界秩序逐渐出现了类似于从G7到G20的组织形态变化。所以，这是一个范式性的整体变化过程。

②世界秩序转型期的力量结构特征

冷战终结以来的国际力量对比与组合，显示出若干新的特点。

其一，最为关键的因素，西方从登峰造极开始走向衰落，是这一阶段的最主要特征。历史上，也曾经有汤因比、史宾格勒等人提出“西方的衰落”。实际情况却是20世纪的西方不仅没有衰落，而是有着第二次世界大战后，尤其是冷战终结后的非凡辉煌。然而这一次谈论西方衰落的背景不一样。关键问题在于，首先，沃勒斯坦从“世界体系”的逻辑角度一直强调：

冷战终结，不光是苏联的解体，同时也是美国霸权的走向终结。作为一种始终要以外部对手的存在才能得以自保的意识形态而言，冷战终结、世界格局巨变，对美国的挑战虽是隐含不露，但却是非常实在而深刻的。同时，一个日益明显的大趋势是，多少年来一直支撑西方发展的关键因素，出现了自我瓦解的征兆：作为西方民主制度核心的选举，选出的却是自挖墙脚的一批民粹人物；作为西方民主制度基础的两党体制，福山自己就说过：两党体制是西方在工业革命时期的历史产物，如今信息时代，自然会趋于解体。笔者也曾经当面请教过他这一问题，他的回答不光依然是确凿无疑，而且，今天欧洲大国的两党体制确实已变得面目全非。[①] 西方的言论与发表自由，曾经是西方的骄傲；但是，今天则大量地出现虚假新闻与谎言捏造，甚至受到了执政者的推波助澜。西方体制的开放性，在欧盟一体化进程中曾引以为豪，但是，仅难民问题，就直接引发欧盟基本体制的动摇，最终导致英国脱欧。无论是马克龙 2019 年 8 月 27 日在法国外交使节会议上的讲话，[②] 还是 2020 年 2 月慕尼黑峰会的年度报告提出的“西方的缺失”，都是“西方的衰落”这一命题的证明。[③]

其二，新兴力量“第二次崛起”中的集结，乃是当今国际力量结构的关键性特征，与西方的衰落态势互成犄角。之所以新兴国家的崛起乃是“第二次崛起”，因为几乎所有金砖国家和

---

① 杨成绪：《德国政坛何以陷入震荡?》，《中国新闻周刊》2020 年 2 月 24 日总第 936 期。

② Élysée, “Discours du Président de la République à la conférence des ambassadeurs”, August 27, 2019, https://www.elysee.fr/emmanuel-macron/2019/08/27/discours-du-president-de-la-republique-a-la-conference-des-ambassadeurs-1.

③ 56th Munich Security Conference, *Munich Security Report* 2020, February 13, 2020, https://securityconference.org/assets/user_upload/MunichSecurityReport2020.pdf.

G20 新兴国家都曾经是历史上雄踞一方的强者。而 21 世纪以来的新兴国家重新聚合，不光是以超越全球 GDP 总量一半的强劲势头推进，而且表现出深厚广泛的长期发展潜能。前所未见的是，新兴国家呈现出颇有章法、一步步推进的组织化状态。以中俄聚合的路径为例：不光是有着建设性双边战略伙伴—上合组织—金砖—G20 这样的成长路径，而且，这一进程也伴随着 20、21 世纪之交以来一系列严重危机推动下的观念趋近。实事求是地说，历次危机对中俄的接近起到了极大的推动作用。上文言及，在 1997—1998 年金融危机当中，中俄两国同时感受到了美国主导的国际货币基金组织的巨大压力。1999 年科索沃危机中，美俄关系从原来相当高的居民信任度，一落千丈。原因在于，美国根本不理睬俄罗斯对传统盟友的关切，轰炸南斯拉夫，以凸显美国威望。而正是在这一场疯狂的狂轰滥炸中，中国驻南斯拉夫大使馆无辜受难。包括在此后的 2001 年“9·11”事件、2003 年伊拉克战争中的中俄立场协调，以及而后在欧亚地区发生的格鲁吉亚冲突、乌克兰危机、叙利亚战争等，中俄之间是切实地通过一次又一次危机和挑战而拉近距离的。

其三，多重网络与链接制约之下的动态性极化力量结构，乃是当今西方衰落与新兴国家成长过程中的一个重要结构性特征。过渡时期的国际权力结构既不是 20 世纪 90 年代初“新罗马帝国”的同心圆，也不是冷战时期的两极对抗。科技经济和观念形态迅速更新之下，新的结构特征正在出现。首先，复杂的各种网络与链接使原有的极化结构受到制约：冷战结束近三十年来，世界越来越变成了一个网络，你中有我，我中有你。迄止 2019 年中美之间超过 5000 亿美元、欧美之间超过 6000 亿欧元、中欧之间超过 6000 亿美元的规模巨大的贸易往来，尽管疫情之后会发生重大变化，但这是不可能被极端势力的歇斯底里所能全面阻止的。其次，这样一个网络是通过各种链接贯穿而成，其中有产业链、价值链、信息链，包括知识与思想领域的链接，包括“一带一路”倡议，并非是以传统国际政治的排他式的区域构建，而是以基础设施互联互通、以产业互补共建的方式，打破原有国际结构中各极之间相互阻隔的态势。最后，20、21世纪之交以来，这一结构中多种形式的三边关系呈现出活跃态势，如全局层面上的：中美俄—中美欧—中俄欧—中美日等三边组合；如区域层面上的：中日韩—中俄中亚—中美东盟—中印俄等三边组合。他们之间相互竞争、相互制约博弈，形成千变万化的均衡状态；但是，又很容易寻租，打破原来的均衡。比如，中国与欧洲国家关于5G的合作意向，受到了美国毫不掩饰地向欧洲国家施压的极大干扰。但是，德国等国家经过激烈争论，还是决定推进非核心领域的5G与中国合作。这就是新形势下的中美欧三边关系。又比如“一带一路”倡议为欧亚大陆方向的中国、俄罗斯与欧盟之间发展关系提供了一个很好的机遇。虽然欧、俄都有强劲的合作意愿，但是俄方已经推出欧亚经济联盟，“一带一路”如何与之“对接”？虽然中欧合作也有很好基础，但是2019年欧盟委员会正式文件把中国视为“体制竞争者”。这意味着上述三方之间还有很多问题与困难，需要探索和合力推进。

③世界秩序转型中的思想理论争议

冷战后世界秩序的转型与争议中，曾经出现一系列具有全局性影响的理论问题的争论：东欧剧变与苏联解体后所出现的“历史的终结”；塞缪尔·亨廷顿提出的“文明的冲突”；20世纪90年代晚期出现的“华盛顿共识”和“全球化”问题争议；围绕前社会主义国家转型问题出现的“民主与威权主义争议”；20、21世纪之交所出现的“民主和平论”；伊拉克战争前后出现的“新帝国”以及“新保守主义”的辩论；以及近年来关于“民粹主义”问题的争议等。

总起来看，这些问题的争议不光涉及广泛的国际政治理论，而且直接或间接地与国家意识形态相关联，也与全球范式转型中的三个层次——国内治理模式、对外战略、世界秩序取向——等问题密切相关。进一步言之，这些理论争议往往反映出更深层次的政治哲学问题。其一，当代世界事务中的普遍性与多样性的相互关系的问题。也即，究竟是普遍性价值取向重要，还是多样性价值取向重要的问题。法国著名人类学家列维·斯特劳斯曾经表示，他一辈子都在研究先进性（普遍性）与多样性何者更为重要的问题，仍不得其解。因此，他主张，在这一问题还没得到根本解决之前，唯有通过两者的对话，才能够使两者和谐共处。就当今国际事务而言，恐怕唯有对话——只有对话才是作为人类属性的最根本的体现——才是排解危机的仅有通途。其二，当代世界进程中的时间序列问题。究竟是以欧洲为中心的时间序列，还是以当地时间序列来认知世界事务的问题，与当今国际危机与冲突现象密切相关。欧盟政治家认为，当今国际事务已经进入了后现代，因此可以超越国家主权，实现欧洲政治经济的一体化。但是俄罗斯的政治家认为，至少作为世界大国的俄罗斯尚处于现代阶段，维护民族国家的主权统一和国家建构，还是俄罗斯更为迫切的任务。两种不同的有关时间序列的认知，为地区冲突打下深深的烙印。其三，地缘政治与意识形态的相互关系问题。这两者究竟是可以互相割裂，还是密切交织的不同认知，乃是这一秩序转换时期的突出特征。近年来瓦尔代论坛，普京总统不止一次谈道："原本以为，放弃了原有的意识形态模式，我们能够与西方和谐共处。但事实证明，即使俄罗斯放弃了原有的意识形态，还是会照样受到西方的地缘政治的无情打压。"① 看来，借意识形态之名，行地缘政治之实，图谋一己私利，还是转型期国际政治难以避免的现实。

---

① 在近些年的瓦尔代会议上，普京总统的大会主题发言均涉及这一主题。

无论意识形态与地缘政治利益是否被人为地互相混淆，无论关于时间序列是否还存在着的不同认知，也无论关于普遍性与多样性之间究竟是何者重要的探讨尚未有结论，所有这些尚未被彻底搞清的政治哲学命题，都被作为美欧国际战略的工具，突出地体现在两个命题的讨论之中。也即，一是“民主与专制”的命题，二是“民主和平理论”。小布什时期，特别是其第二任总统时期提出的“自由议程”，正是将两种理论人为嫁接，并在21世纪之初欧亚国家地区推行“北约东扩”和“颜色革命”战略中发挥重要作用的思想纲领。①

能用“民主和专制”来划分当今世界吗？虽然，经典西方民主制度和非西方国家探索实践中的民主制度自然会有不同，但人们非常频繁地看到，西方舆论习惯于把国际社会分成决然对立的“民主”和“专制”，然后不分青红皂白地一捧一贬。值得关注的，倒是曾经提出“历史终结”命题的福山，最近有一个很有意思的采访。媒体问：“您曾经在柏林墙倒塌之后预言，自由民主国家会取得胜利，为什么它们面对病毒显得如此不堪？”福山回答说：“我并不认为政权类型与抗疫成效之间有什么关联性。”实际上，福山这是继承了他的老师，也即塞缪尔·亨廷顿的思想传统，还是比较倾向于超越意识形态，把政府能否有效治理的问题，放在更重要位置。当记者追问：“尽管，对中国抗疫举措有着各种疑虑，但它不是给自由民主国家再次提供了真正的替代模式吗？”虽然，福山并不放弃对中国体制的批评，但他十分明确地肯定中国在抗疫中的表现。他说：“真正考虑民众福祉的是政府，至少考虑的也是怎么帮助他们。中国的这种传统或多或少都能在邻国找到，如日本和韩国。”②

① ［美］安琪拉·斯登特：《有限伙伴：21世纪美俄关系新常态》，欧阳瑾译，石油工业出版社2016年版，第107页。

② https：//www. lepoint. fr/editos-du-point/sebastien-le-fol/francis-fukuyama-nous-allons-revenir-a-un-liberalisme-des-annees-1950-1960-09-04-2020-2370809_ 1913. php#xtmc = fukuyama&xtnp = 1&xtcr = 2.

与上述观点的情况相近似，所谓“民主和平”理论提出，似乎唯有西方“民主”国家会导致和平。而且引经据典，称这一说法来源于康德。康德的确写过“永恒的和平”的文章。但是，事实上，康德最担心的，恰恰是法国大革命中出现的过度民主的“暴政”，而他倾向于认为行政与立法相分离的“共和制”才是和平的基础。① 从历史事实来看，第一次世界大战的突然爆发，就来自各国议会“民主表决”而通过的决议，同意投入战争。而2003年的伊拉克战争，正是美英两个民主国家，为了称霸世界，藐视联合国安理会，罔顾伊拉克根本不存在大规模杀伤性武器的事实而发起的。2007年，美国普林斯顿大学学者代表团来沪访问之时，美国新自由主义国际关系理论专家罗伯特·基欧汉就指出，“民主和平理论”这一提法的理论基础还并不牢靠。

后冷战时期国际政治领域的思想理论争论，与上述力量格局的结构特征互相耦合，不光表明欧美存在的物质性形态开始衰落，而且，思想理论领域的传统优势也趋于动摇。与此同时，危机冲击下的思想理论创新，正在一步一步地为新秩序的到来勾画蓝图。

总之，“半秩序”状态下国际社会的新旧交替、动态易变、规范缺失、组织涣散、面临多重选择的这种局面，在突如其来的大规模疫情面前，一度显得捉襟见肘，穷于应对；然而，一旦人们对于这场灾变积累了一定的认识，借助于世界秩序转型期的特定架构环境，便能够化险为夷、化敌为友、转危为机。

（3）当今疫情下的秩序延续与重构

新冠肺炎疫情之后，以往世界秩序是否将不复存在？抑或疫情还只是对既有发展趋势的推波助澜，至多只会部分地改变

① ［德］康德：《康德历史哲学论文集》，李明辉译，联经出版事业公司2013年版，第179—184页。

世界？笔者倾向于第二种立场。

根据法国年鉴学派的理论观点，长、中、短时段作用下，世界秩序的变化与延续将会共存。

从长时段的观点来看，地理与文明形态的影响，将是世界秩序中既成因素得以延续的重要前提。其一，存在数千年的文明多样化趋势将长期存在。不可能一场疫情就彻底改变千年文明对于当今世界的影响。比如，直至19世纪中叶之前的数百年中，欧洲国际秩序——包括在威斯特伐利亚体系确立之后——战争爆发的概率，要大大地高于亚洲国际秩序；[①] 又比如，1689年当时还不是民族国家而是专制君主国家的沙皇俄国和清王朝签订了《尼布楚条约》，维持了此后一直到19世纪晚期清朝衰落、沙俄大举东侵之前将近两百年左右的和平。可见，尽管西方曾主导世界秩序，但在地区结构和大国关系中得以体现的非西方文明，始终是世界秩序重要的丰富和补充。这是积极乐观的一面。而不太乐观的另一面，则在于基辛格在《论世界秩序》中的基本想法：世界秩序只有一个，而各大文明都怀揣自己的抱负来到这个世界。他含蓄地表示了自己的担忧。[②] 20世纪90年代以来，关于“文明冲突”的争论经久不息。最新的版本是，一方面，某大国新闻发言人把“文明冲突”提升为“种族间冲突”；另一方面则否认“文明冲突”，认为只有“文明和非文明的冲突”。看来只要存在不同文明，只要存在古今、东西之争，“文明冲突”的辩论就不会停止。这是疫情所改变不了的定式。

其二，地缘政治结构也将持久地影响国际合作与竞争。首先，大陆地缘政治的空间连续性与海洋地缘政治的空间阻隔性，几乎将永远存在。不可动摇的事实是：英联邦一个个海外殖民

---

① ［美］康灿雄：《西方之前的东亚》，陈昌煦译，社会科学文献出版社2016年版，第2页。

② ［美］亨利·基辛格：《论世界秩序》，中信出版社2015年版，第489页。

地的独立不会引起英国本土的动荡与革命；而地处大陆的苏联一个个加盟共和国宣布独立的连锁反应，导致了苏联本身的解体与革命。其次，也许更为重要的是，海洋地缘政治将会始终把分化和肢解欧亚大陆、避免出现任何来自海洋的威胁视为己任；而大陆地缘政治反其道而行之，一定会通过加强欧亚大陆内部各个板块之间的联系来维系陆权稳定。疫情无法使地缘政治消失，相反，一定有人会利用不同的文明、国家与意识形态间的竞争态势，借疫情之机兴风作浪。

从中时段看，不同意识形态为基础的国家制度，以及已经延续了几十年的这一波全球化进程，这两者也许可以视为是与当今世界秩序变更有直接关联的两大要素。不同的意识形态和制度之间既竞争又合作，势必将会是比较长期的态势。其最基本的理由是，力量对比还并没有出现根本性的改变。而就全球化而言，疫情之后，其形式和内容会改变，但是，全球化本身难被阻止。当今世界将会寻求更符合当代需求、更有质量层次、更符合人类需求的新型的全球化路径。有学者提出了当前危机属于“全球化危机”的观点，对于未来可能从全球转向地区的发展轨迹提出了有益的警示。但从 20、21 世纪之交以来的较长时段看，从全球化向地区化的不同方式的转移早已开始。适度把握全球化与地区化两者之间的均衡与联系，会是一个新的值得关注的问题。

从短时段看，其一，人类面临着最大的共同挑战。无论种族、文明、观念、制度、国家规模的大小，都经受着疫情重大冲击，都面临着极其艰难的学习和认识过程。共克时艰，并非只是一句口号。从 1918 年年初暴发大流感的经验来看，疫情一波又一波发展，一直延续到 1920 年。2020 年后这一到两年将是人类的共担风险时期。

其二，各国抗疫的做法异中有同：对于突如其来的疫情，无论哪个国家都有一个深化认识的过程；处理疫情，各国都还是以“封堵”为主；包括灾后复工复课，各国值得交流与合作的方面，要远远超过利益冲突的部分。但鉴于固执与偏见，还是需要认真地探讨一些值得权衡的深层问题，以理服人：这里指的是人与人、人与自然、人与制度的相互关系问题。第一，就灾难面前的人和人关系而言，比如，是否能通过任其自然的方式，形成集体免疫？本书还是比较接受钟南山院士的意见，科技已经那么发达，不能以如此巨大的生命代价，去换得集体免疫力的提高。俄国思想家克鲁泡特金发现：原来强壮的人群在饥荒或者流行病之后，会变得既不是最强壮的，也不是最聪明的。恰恰是耐受力强、最能够忍受匮乏的个体生命力更强，比如，熊比猫先饿死，猫比蚂蚁先饿死，恐龙的绝种和哺乳动物的兴起，也正是这个道理。他觉得，经常被看错的问题是，究竟谁才是竞争中的适应者。① 第二，灾情下的人和制度——尤其人和民主制度——的相互关系问题。剑桥政治学系主任大卫·朗西曼教授认为：第一，“在民主社会，你很难说服人民把焦点放在还未发生的事情的风险上。选民常倾向于把他们已经知道的风险列为优先”。第二，“民主是我们应该极尽所能保存的重要事情之一。因为它让人值得生存。但这并不等同于认为民主是可以保存我们的东西”。② 换言之，人的存在是更首位的。就像杰佛逊在《人权宣言》中所表达的：人生而平等的本意，首先就是人的生存权。第三，人和自然的相互关系：文艺复兴和启蒙运动以来提倡的“以人为本”，这当然是历史的重大进步。但后来被机械地理解和夸大“人定胜天”，造成失衡，才有了生态主义者所言的，人仅仅是大自然中的一个平等成员。在笔者看来，人的有所作为与其对大自然的尊重，本应是两者

① 熊逸：《政治哲学的巅峰对垒》，北京联合出版公司 2020 年版，第 341 页。

② ［英］大卫·朗西曼：《民主会怎么结束：政变，大灾难，科技接管》，梁永安译，立绪文化出版社 2018 年版，第 113 页。

的统一，而不能将之相互对立。所以，灾情之下，无论不同文明、不同意识形态，人们完全可以寻找到更多共同的立场。

其三，灾情之下，经济的衰退必将对国际关系带来极大影响，而更为直接的影响，很可能是大国的政治进程，特别是2020年11月美国总统大选和俄罗斯很可能通过全民公决确定的2024年政治进程。尤其对于美国而言，虽然出现了号称两党一致的对华立场：两党总统候选人都会以互相“抹红”的方式竞争上岗，也可能以这种方式维持执政地位。但大选投票之前的惨烈党争，会严重影响国际秩序的稳定。这种情势之下，面临着几种选择：一是，要想回到2009年约翰·伊肯伯里式的“自由国际秩序”，即以美国为首的西方国家愿意向作为竞争者的新兴国家让渡主导权——从G7变为G20，这几乎已经完全不可能。二是，回到两极对抗的冷战状态，抑或“新冷战”。看来，至少美国方面决意甩锅的目的，就在于进一步与中国脱钩，加速形成与中国的紧张对抗局面。近期看，这对选票有利。中国究竟是按美国设定的逻辑亦步亦趋地入套，还是另有上策？如果两强决斗，中国人民完全不是没有勇气，一定会义无反顾地迎接这场对抗。历史已有先例，无须多言。然而，第一，基于目前力量对比，这场恶斗很可能不会“毕其功于一役”，而将会是一场相当长期的全面抗争，人们是否已经在所有方面做好充分准备？大规模对抗之前的充满自信，并非坏事。但一旦冲突必然导致的社会经济生活全面倒退之下，国际社会的更多先例，乃是精英尚可自找出路，而承担艰难困苦的还是基层民众。第二，“半秩序”转型期的环境之下的一般逻辑，除了两强之外的几乎所有的第三方行为者——在适度支持和同情的同时，更多地会倾向于协调中立，绝大多数不会如冷战当年的集团抗争般地跟上战船；过渡期特征之下，西方结盟关系虽亦会松弛，但总体上拉帮结派还有机会和动员能力。第三，从长远看，这场决斗是否能够实现中华民族“为人类做更大贡献”和践行“人类命运共同体”的伟大抱负？显然，这直接事关世界秩序的未来。三是，更为糟糕的局面，乃是大国间的高度对抗势必进一步引发各个力量中心之间的一片混战，整个国际社会将陷入无政府状态。四是，相比之下，在放弃任何幻想、准备迎接艰难挑战的同时，尽一切可能，维持尚存合作空间的多极化发展态势。“共处”而不是“互掐”，“缠斗”而不是“决斗”，“互鉴”而不是“独尊”，看来还是相对比较接近现实的选择。虽然传统工业国家在科技创新、战略实力、舆论传播、结盟关系等诸方面的领先状态不会在一夜间消失，新兴国家合作竞争的潜能也有待一个相当长的过程才能够真正变为现实，但是，依靠中华文明数千年文化传统，继续改革开放以来的惯性，保持独立自主、勇于创新的进取态度，尤其是以“自我革命”的勇气，脚踏实地着眼于“社会主义现代化体制和治理能力”的全面提升；同时，扎扎实实地以“一带一路”倡议经营周边，从内外两个方面加强区域的互联互通。具体地说，让科学务实的精神在我们的决策系统中发挥更关键的作用，让各个专业领域的人才能更多施展才华，让各级管理部门克服官僚主义，不是观望等待而是发挥更多主动负责和创造精神，让富有勇气的新生代不期望于“毕其功于一役”而是坚忍不拔地面对挑战，那么，自立于世界先进民族之林的目标，完全是可以实现的。

2. 和平与发展的挑战

2008 年国际金融危机以来，世界发生的变化令人目不暇接，看似渡过了危机，但许多深层次问题并没有得到解决，全球性的经济社会、政治思想、治理体系中的消极因素不断蔓延。当我们把这些消极因素汇聚到一起时，会惊讶地发现，世界已接近冲突的临界点。

(1) 世界的和平与发展遭遇前所未有的挑战①

一是世界经济继续低迷。2008 年以来，世界经济的年均增速不到 3%，而从冷战结束到金融危机前年均增速为 3.75%。10 年来，发展中国家和新兴经济体的经济年均增幅超过 4%，而发达经济体的经济年均增幅不到 2%。到 2018 年，发展中国家和新兴经济体的经济总量约占世界的 48%，很快将改写西方占据世界经济主要份额的格局。这种经济发展的不平衡，刺激了所谓“黄金十亿”对全球化发展的强烈不满，以及民粹主义的迅速攀升。一年来，美国挥舞单边主义和保护主义大棒，使得 2019 年世界贸易的增幅仅为 1.2%，进一步拖累世界经济的增长。

二是中产阶级萎缩，贫富差距持续拉大。根据经合组织 2019 年 4 月发布的报告，发达国家中 21 世纪出生的人约 60% 能进入中产阶层，而此前为 70%，60% 的父母认为子女进不了中产阶层；2007—2016 年，中产阶层收入几乎没有增长，中位数为 0.3%，而此前 10 年中位数增长了 1.6%；发达国家中等收入家庭的总财富不到高收入家庭的 3 倍，而 30 年前为 4 倍。皮尤研究中心的成果显示，美国中产阶层占其人口比例 2015 年为 49.4%，而 1971—2008 年的中位数是 61%。根据联合国的数据，2010 年，与占全球人口一半的穷人拥有同样多财富的最富有者为 338 人，到 2014 年降至 80 人，到 2018 年更降至 6 人。同样根据联合国的数据，2010—2015 年，世界最富有的 62 个人的净资产增加 5000 亿美元，同期最穷的 36 亿人的净资产则减少 1 万亿美元。贫富分化的势头加剧了世界各国的社会动荡。2019 年，全球 30 多个国家和地区从街头政治走向暴力骚乱。

① 本部分作者：季志业，中国现代国际关系研究院原院长，中国社会科学院中俄战略协作高端合作智库常务理事，研究员。文章题目及来源：《世界的和平与发展遭遇前所未有的挑战》，《现代国际关系》2020 年第 1 期。

三是民粹主义思潮迅速泛滥。特朗普是美国民粹的集中代表；约翰逊是英国民粹的代表；勒庞虽然未能在2017年的总统大选中战胜马克龙，但她领导的国民联盟却成了法国国民议会的第一大党，她的反全球化、反欧盟、反移民主张得到广泛支持；迪马约领导的意大利五星运动是极左民粹主义政党，2009年成立，2018年便成为执政党；佩特里领导的德国选择党，走反欧盟、反欧元、反移民的路线，2013年成立，2017年成为议会第三大党；阿瓦斯卡尔领导的西班牙呼声党主张反移民、反加泰罗尼亚独立、强制使用西班牙语、保留斗牛传统，2013年成立，2019年的两次议会选举中成为第三大党，议席从4月的24席增加到11月的52席。民粹主义正在朝更极端的民族主义、法西斯主义发展。2019年11月3日，德国德累斯顿市议会通过决议，宣布该市进入“法西斯紧急状态”，说明法西斯主义正在死灰复燃。

四是强人政治当道。美国的特朗普、俄罗斯的普京、日本的安倍、印度的莫迪、土耳其的埃尔多安等，在决策中带有很强的个人色彩，小圈子、无规则、不透明。特别是世界唯一超级大国的美国总统特朗普具有反建制、反常规的特质，给美国，更是给世界带来巨大不确定性。

五是现有国际关系体系遭到严重破坏。特朗普政府的“退群”使得国际核军控体系、空中安全体系、国际贸易仲裁机制、伊朗核协议等处于瘫痪或半瘫痪状态。联合国、世界贸易组织等机构因美国等国家拖欠分摊的费用而难以正常运行。国际社会许多领域进入无序状态。

六是大国间沟通渠道阻塞。中美、俄美之间的战略沟通机制均处于停滞状态，领导人之间的互动流于形式，研究机构和研究人员的交流受到阻碍。中美和俄美的精英界之间弥漫着对立甚至对抗情绪。

七是军备竞赛正在加剧。主要大国的军费都在增加，美国

2020 年的军费预算高达创纪录的 7400 亿美元，同时美国逼迫所有盟国增加军费开支。日本已经连续 6 年增加军费开支。美国一边增加军费，一边收缩中东军力，同时却加大对太平洋西岸的军力投入。

八是高新技术降低了战争的人力成本。智能技术的发展催生了新一代无人作战装备，包括战机、潜艇、坦克、机器兵、机器狗，对战争发动者而言，不再担心因大量人员伤亡而受到指责和掣肘。战争的门槛被大幅拉低。

九是战略新疆域模糊了战与和的界线。网络领域的大规模攻击易如反掌，造成的损失巨大，如“震网”病毒破坏伊朗的核设施，网络攻击令委内瑞拉的电网系统瘫痪。然而，这能被定性为战争行为吗？能确定攻击来源吗？能进行武力报复吗？随着美国太空司令部的成立，太空军事化步伐加快，激光武器和超高音速飞行器等先进装备的运用打破了本已摇摇欲坠的核战略平衡体系，人类正面临新的大规模杀伤性武器的威胁。哪些太空行为是战争行为？是否可以运用常规战争手段予以回击？是否可以用核武器回击？针对谁回击？现有世界公认的规则都无法解答这些问题，恰给好战者、野心家们提供了前所未有的机会和借口。

十是多个火药桶已冒出火花。叙利亚、也门、阿富汗的战事远未结束，利比亚又重燃战火；伊核、朝核问题的谈判进程中断，可能引发各方新的军事行动；巴以冲突、印巴冲突、土希冲突可能因其中某个国家的内部矛盾激化而被引燃、升级。

上述相互关联的十大现象所构成的国际局面，与 20 世纪第一次世界大战与第二次世界大战之间的国际局势何其相似！面对维护世界和平的艰难现实，有能力的国家没有意愿，而有意愿的国家却没有能力！虽然只要没有爆发大规模的战争，我们还可以称今天的世界处于“和平与发展”时代，但它已经遭遇前所未有的挑战，已变得前所未有地脆弱！中国必须抓紧时间集中精力，把自己的事情办好，为可能的局势恶化做好充分准备，同时联合一切可以联合的力量，争取维护世界和平。

（2）从五个维度看新冠肺炎疫情对世界格局和秩序的深刻影响①

讨论新冠肺炎疫情的世界性影响，离不开一些重要的前提和条件，主要有以下三个方面。

一是这次疫情可能持续的时间和严重程度。这应该是最重要的条件。即这场疫情持续的时间越长、越严重，其对世界经济、政治、安全的影响就越大，反之影响就是有限的。疫情持续的时间和严重程度又取决于疫苗和药物的研发速度，以及新冠病毒的溯源和变异情况。而恰恰在这一关键问题上，医学专家们看法不一，至少还没有明确的定论。因此，当前国际关系学界任何有关疫情对世界影响的判断都还只是建立在某种假设基础之上，不一定就是科学的结论，需要时间来检验。

二是对人类与病毒抗争历史的深入考察。尽管今天的国际社会与过去相比已有本质的变化，科技进步更是日新月异，但新冠肺炎疫情的全球蔓延表明，人类与病毒的斗争永无止境，某种意义上讲，人类从来没有真正战胜过病毒。历史是一面镜子，温故而知新，对历史的考察是我们今天分析判断新冠肺炎疫情可能对世界造成何种影响的重要依据之一。

人类与病毒抗争了上千年。历史上，大的疫病对一个国家和世界的影响确实很大。我国东汉末年曾暴发十室九空的严重瘟疫，导致人口锐减，三国时期出现了不到百人就可占据一座城的景象。著名的赤壁之战，曹操失败据认为也和瘟疫造成士兵严重减员有关，从而导致三国的局面。在世界历史上，有人提出，天花是导致玛雅文明消失的重要原因，霍乱、鼠疫曾经

---

① 本部分作者：孟祥青，国防大学战略研究所所长，中国社会科学院中俄战略协作高端合作智库常务理事，教授。文章题目及来源：《从五个维度看新冠疫情对世界格局和秩序的深刻影响》，国防大学微信公众平台，2020 年 5 月 14 日。

让罗马帝国衰败。瘟疫曾打击了欧洲强大的宗教势力，从而诞生了启蒙运动。近代 100 多年历史上，最大的疫病就是源于美国的所谓“西班牙大流感”，它始于 1918 年 3 月，经历三次大暴发阶段，到 1920 年年初结束，造成全球约 5 亿人感染，占世界 17 亿人口的约 1/3，死亡 4000 万人左右。这场大流感导致一些国家人口大量减少，死亡数量比第一次世界大战战死的还要多，各国军工生产由此受到影响，战争不得不停止。一些历史学家认为，这场疫情影响了第一次世界大战的历史进程。有学者甚至认为，历史上的大流行病曾经改变了人类历史的发展方向。但也有学者不同意这种看法，认为大流行病将加速或迟滞历史发展，而不是重塑历史，可以说是见仁见智。

三是基于对现实背景的分析。新冠肺炎疫情是人类正在经历的一场巨大危机，但与历史上历次疫情的时代背景不同。我们所处的是一个全球化与和平发展的时代。如果借用 19 世纪英国著名文学家狄更斯的话说，“这是最好的时代，也是最坏的时代”。全球化与和平发展，给人类带来巨大的红利，也带来巨大的风险。最大的风险就是人类自身的脆弱性更强。“你中有我，我中有你”是常态，其直接的结果就是，“一荣俱荣，一损俱损”，没有人能够置身其外，也没有国家可以独善其身。一国发生的重大危机可能导致地区乃至全球危机，而当前已经蔓延全球的疫情，其冲击和影响肯定会更大。从这个意义上讲，科技发达的今天以及全球化的时代，人类承受打击的能力不是更强而是更弱了。

从以上三个前提条件出发，判断这场疫情是否改变世界或是怎样改变世界都还为时过早。因为直到当前，人们对新型冠状病毒的了解仍然不多。这场疫情持续的时间、后果都还无法确定，真正的长远影响也难以做出科学准确的判断。轻易地得出某种结论，很可能使人类陷入自设预言的实现当中。

鉴于以上三个前提，主要从以下五个维度分析疫情可能造成的影响。

第一，从疫情持续的时间看影响。假设新冠肺炎疫情与人类长期伴随，并且病毒不断变异，疫苗的保护作用有限，有效药物迟迟研制不出来，那么，这次疫情将带来巨大的灾难性后果，将从根本性改变世界，改变历史。当然，这种可能性到底有多大？恐怕单靠国际关系学者无法回答，而首先有赖于科学家们的努力和判断。

第二，从疫情目前已知的状况看影响。

一是这次疫情对主要经济体的打击确实很大，世界经济衰退恐怕已成定局。但严重程度难以预测，是否堪比20世纪20年代末30年代初的世界经济大萧条？现在得出结论还为时过早，很大程度上取决于主要国家的抗疫效果与国际合作。

二是经济全球化不是遭遇挫折，而是严重倒退，这已成定局。这些年来，逆全球化已经成为国际社会的普遍现象，但有人说疫情是压垮经济全球化的最后一根稻草，这个结论是否正确？全球化因疫情而寿终正寝了吗？目前看恐怕还不能这么说。当然，全球化的倒退期到底多长？可能比我们预想的要长一些，如倒退10年甚至20年的可能性都不能排除。但历史终将证明，人类只有走全球化道路，才能共享繁荣。当然，传统意义的全球化恐怕难以为继，新的全球化将应运而生，但新旧全球化的交替需要长期的过程。

三是中美之间的全面战略竞争甚至局部对抗已成定局。中美关系对世界格局的影响不亚于当今世界任何大国之间的关系，而且这个影响随着疫情发展可能会日益增大，并不以任何人的主观意志为转移。这次全球疫情带来的后果之一就是中美关系遭遇到40年来从未有过的重大冲击。让很多学者没有想到的是，在新型冠状病毒威胁急剧上升的背景下，中美之间不仅没能像以往那样携手抗击这一人类共同的敌人，反而渐行渐远，关系持续恶化。美国政府中的一些政客不负责任的灾难式表演，花样百出的各种甩锅，以及鼓动其盟友和国际社会污名化中国并持续施压的做法，使中美关系不仅回不到过去，而且难有可以预见改善的未来。以疫情为标志，或许中美全面战略竞争甚至局部对抗的时代将要到来。

第三，从疫情结束后的可能趋势看影响。有几个趋势值得深入研究和高度关注。

一是美国是否真的会衰落？挪威政治学者、国际公认的“和平学之父”约翰·加尔通在1980年曾预言，柏林墙将在10年内倒塌，紧接着苏联帝国将崩溃，当时几乎没有人相信。2009年他出版了《美帝国的崩溃》一书，再度预言美帝国2020年崩溃。作者以1980年预测苏联帝国崩溃的理论为基础，深入考察了当时美国衰退和没落的原因、过程、方式、时间和地点，谨慎分析了未来的世界格局，并对历史上西罗马帝国的兴衰与西方帝国主义进行了比较研究，认为，美国当下正面临15大矛盾，对其言听计从的国家变得比过去少了，竞争更加激烈，因此，美国作为超级大国的日子屈指可数。该书的最大亮点不仅在于对美国即将崩溃的惊世预言，更在于预言背后的严谨分析。历史脚步迈进了2020年5月。冷战结束后，美国迎来了有史以来最富活力的经济扩张期，成为世界上唯一的超级大国。美国著名的《外交》杂志曾以“新的罗马帝国”为题，宣称美国正在回归“古罗马帝国”。然而，这场新冠肺炎疫情至今已使120多万美国人感染，接近8万多人死亡（截至2020年5月初），且疫情仍有蔓延之势。美国股市4次熔断，结束长达十多年的牛市。美国失业率高达15%，且还在不断攀升，经济遭受重创。2020年真的是美国崩溃之年吗？虽然目前还难以肯定，但美国走向衰落是大势所趋，2020年作为美国走向衰落的标志之年一定会载入史册。

二是世界格局是否真的会重塑？疫情不仅使世界经济遭受沉重打击，国际力量对比也将发生新的变化，百年未有之大变局进入加速期。世界主要大国在疫情中的国内和国际表现、应对疫情的能力，以及疫后经济恢复的效果将直接决定其新的国际地位，由此带动地区和世界地缘经济、地缘政治以及国际安全格局发生新的变化。世界秩序和格局走向主要取决于疫后国际力量对比发生的新变化。但不管怎样，新冠肺炎疫情一定是百年大变局的催化剂和标志性事件。“一超”主导的世界将被彻底打破，多元竞争将是常态。2020 年很可能是新格局、新秩序的起点。

三是全球治理体系是否真的会改变或重建？近年来，面对全球安全威胁多元化、不确定性增多的新形势，全球治理能力渐显不足，原有的全球治理体系难以适应新的变化，有的不断被弱化和边缘化，改革和构建新全球治理体系，提升全球治理能力的呼声日益高涨。但总体来看，雷声大、雨点小，收效甚微。究其根源，保护主义、单边主义、民族主义、民粹主义是最大阻力，“美国优先”“美国第一”是最大障碍。新冠肺炎疫情的发生，更暴露出全球治理体系存在的一些突出矛盾和问题，急需改革甚至重建。疫后围绕这一问题的国际斗争将会十分激烈，改革和重建迫在眉睫，但任重而道远，这一斗争将是长期和复杂的。

第四，从疫情可能带来的次生灾害看影响。在关注疫情本身的影响以外，还要关注次生灾害对世界的影响。这次疫情造成了各国在社会制度、意识形态、发展模式、价值理念、种族、文化、宗教等方面一系列严重的对立和冲突，这是短期内难以弥合的，将长期损害国家之间的信任关系，严重制约国家之间的制度性合作。冷战结束后，尤其是进入 21 世纪以来，在非传统安全领域，每当世界发生重大危机事件，各主要国家总是能摒弃成见，搁置矛盾和分歧，共同联手抗击。1998 年亚洲金融危机、2001 年“9·11”事件、2008 年国际金融危机、2014 年抗击埃博拉病毒等都是如此，国际合作空前加强。但这次却出乎很多人意料，新冠肺炎疫情使世界更加分裂而不是更加团结，国家间的冲突进一步增多而不是进一步减少。从这个意义上讲，新冠肺炎疫情暴露出我们这个时代最大的威胁恐怕就是人类自己。新冠肺炎疫情后的世界，不确定性更多、更大。但有一点可以确定，即世界面临的风险剧增，这个风险不仅是非传统安全领域的，也包括传统的军事风险即战争风险，不仅是国家之间和地区的冲突，也包括一些国家国内的政治动荡和社会动乱。疫后的次生灾害很可能是这次新冠肺炎疫情带来的长远且深刻的影响之一，如果各国不能加强合作，携手应对，将使世界雪上加霜。

第五，从中国与世界的关系变化看影响。这次新冠肺炎疫情对中国与世界的关系影响深刻且复杂，目前呈现出来的可能只是一些表象，更深刻的影响会随着时间的推移而不断显现。

一是新冠肺炎疫情的蔓延使人类命运共同体理念更加深入人心。2013 年，习近平主席首次提出构建人类命运共同体倡议，引起国际社会广泛关注。时隔 7 年，当新冠肺炎疫情在世界蔓延、让越来越多的国家进入“至暗时刻”时，更凸显出人类命运共同体理念所具有的远见卓识和思想价值。构建人类命运共同体不是一句宣传口号，也不仅仅是对外高举的外交大旗，而是实实在在的实践活动，是中国 7 年来始终不懈的身体力行。在新冠肺炎疫情全球肆虐的今天，构建人类命运共同体显得尤为重要和紧迫。中国作为倡议者和主要推动者，肩负着重大使命，也将由此赢得世界多数国家尤其是发展中国家的广泛理解、支持和尊重，中国的国际地位将获得新的跃升。

二是中国的抗疫成功凸显中国特色社会主义制度的优越性以及中国政府较强的治理能力。各国的文化、社会制度和体制不同，抗疫政策和举措不可能千篇一律，也不可做简单类比。但是，从抗疫效果看，中国最早遏制疫情的蔓延，客观上成为世界抗疫的大后方和坚强后盾，并力所能及地给予其他国家多种援助，对世界做出的贡献有目共睹。这一成功的背后反映出的中国制度和体制优势也是任何人都否定不了的事实。无论中国是否宣传，它就在这里，对世界的正面影响和积极影响就在这里。那些把中国模式的成功看作威胁的人，只能说是小人之心，小肚鸡肠，别有用心。随着疫后中国经济的恢复和全球产业链的重建，中国的影响力会进一步提升，这一点毋庸置疑。

三是中国面临的外部环境更加错综复杂，风险更大，挑战更多。目前，随着疫情的继续蔓延，美国等一些国家的政客掀起新一轮反华浪潮，围绕病毒起源、责任的政治斗争日趋激烈，所谓中国“起源论”、中国“负责论”、中国“赔偿论”、中国“威胁论”甚嚣尘上，将疫情“政治化”，把病毒“标签化”，对中国“污名化”的趋势也像病毒一样不断扩散，甚至叫嚣“与中国脱钩”“去中国化”等等。这一现象的出现不是偶然的，这是多年来遏制中国崛起、打压中国国际地位和影响力的一次总暴发和总动员。随着美国国内政治斗争的日趋白热化，围绕中国议题的炒作会变本加厉，将会继续毒化世界舆论氛围，而且有长期化的发展趋势。对此，我们需要做好相应准备。

总之，新冠肺炎疫情过后，中国与世界的关系更加复杂，世界经济、政治、安全形势中的不稳定和不确定因素会更多，中国面临的风险和挑战会更大。对此，我们“要坚持底线思维，做好较长时间应对外部环境变化的思想准备和工作准备”。

（二）国际关系变化新趋势

当前，新冠肺炎疫情呈现全球化扩散趋势，疫情已成为影响当前国家间关系，乃至国际格局及秩序变动的重大因素。此次新冠肺炎疫情作为一次全球公共卫生危机，相比其他非传统安全领域的危机，如自然灾害、金融危机等，具有突发性、无差别性、跨国性、不确定性等特征。疫情波及范围广、治理难度大、损伤程度深、恢复周期长，极易冲击区域乃至世界经济增长，造成危及一国国内乃至全球局势稳定的复合性后果。从时间纵轴看，此次疫情发生在百年未有之大变局的行进过程中，可能成为一个历史转折点。

1. 疫情与国际格局变化

2020年，可以说是人类编年史上极不平凡的一年。这一年是中华民族决胜小康社会建设、争取实现全面复兴、深化与外部世界良性互动的重要时间节点，同时也是国际社会抵制孤立主义和保守主义、反对单边主义和霸权主义，共同开启新一轮全球化、推动全球治理体系改革的重要历史关头。然而，不期而至的新冠肺炎疫情全球大流行，严重地扰乱了中华民族的前进步伐，也极大地冲击了人类社会的发展进程。

目前，全球疫情阻击战进行得如火如荼，形势依然不容乐观。世界卫生组织通报的感染者、确诊者和病亡者数据，触目惊心。与此同时，主权国家的经济复兴战、世界范围的舆论争夺战，也已烽火遍燃。由此产生的以邻为壑、相互仇恨、彼此隔绝的“政治病毒”不胫而走，制造并散布各种阴谋论的“精神瘟疫”大行其道。大疫之后的世界究竟会变成什么样子，人类社会到底要走向何方?

（1）大疫过后，世界依旧?①

新冠肺炎疫情对人类社会的影响是全覆盖的，不分国界、教育、民族种族、价值观和意识形态以及经济发展水平。以往被学界所忽略的人类社会和自然界的关系变化，可能是现在呈现在人类面前的一个最大变量。自由主义的弊端在此次疫情冲

① 本部分作者：于洪君，中联部原副部长、中国人民争取和平与裁军协会副会长。文章由作者参加的“新冠肺炎疫情和全球格局演变”视频会议（华中科技大学国家治理研究院主办）发言整理而成。

击中也充分暴露，集体主义在抗击疫情的过程中，彰显出自身的制度优势和特性。然而，无论国际舞台风云如何变化，也无论全球治理体系如何转换，人类社会的本质属性不会变，人类社会发展的基本特点和趋势也不会变。

大疫之后的世界，无论总体力量对比还是地缘战略格局，无论各个国家的治理方式还是国与国之间的相互关系，都将呈现前所未有的显著变化。但是，综观各种因素，辩证地、历史地看，无论国际舞台上如何风云变幻，无论全球治理如何转换，人类社会万变不离其宗，其基本特点和发展趋势，不会有颠覆性改变，只会进一步巩固和加强。

①人类社会相互依存命运与共的本质属性不会改变，只会继续彰显和强化

被世界卫生组织命名为“COVID-19”、中国国家卫健委名之为“新冠肺炎病毒”的这场特大疫情，实际上在2019年晚些时候即已在世界上许多地方悄然来袭。遗憾的是，当时国际社会对这种病毒缺乏认识，没有引起足够重视。因此，2020年年初疫情大规模暴发后，迅速席卷全球，世界各国措手不及。

此次疫情的发生发展再次证明，大规模传染病对人类的攻击，不分民族与种族，不分国别与疆界，也不论宗教文化与价值观体系，更不论社会制度和发展水平。疫情是人类的公敌！大疫面前，没有哪个民族能够独善其身，没有哪个国家可以幸免于难。

诚然，人类社会的科技进步日新月异，医疗保健整体水平在不断提高。但在繁衍生息、走向未来的过程中，人类面对大规模传染病、特大自然灾害以及突如其来的各种共同威胁和挑战，除了相互支持、彼此救助、风雨同行、和衷共济，没有其他选择。目前，全球合作共同抗疫格局已初步形成，虽然总体进展还不尽如人意，个别国家和某些势力甚至在背道而驰，但有一点可以肯定，即人类社会命运与共的意识已经被普遍接受。

中国推动构建人类命运共同体的理论和实践，经受住了时间的考验。大疫之后，人类社会命运与共的意识将随着时间的推移，进一步强化和巩固。中国推动构建人类命运共同体的外交努力，应当也能够得到更加广泛的国际认可和支持。我们对此要有充分的自信。

②世界各国彼此需要共谋发展的经济态势不会改变，只会继续扩大和深化

人类社会早已成为密不可分的发展共同体，经济全球化是人类生产生活发展到一定阶段的必然产物。虽然疫情全球蔓延破坏了各国间的人流和物流，打乱了世界经济运行的整体节奏，导致全球产业链、供应链严重断裂，有的国家甚至借机鼓吹与中国“脱钩”，推动外国企业撤离中国，企图打造一个没有中国参与的全球产业链和供应链，形成一个排斥中国的新的经济全球化格局。这绝对是异想天开。

众所周知，中国是一个拥有 14 亿多人口的巨大市场，是一个拥有完整的工业体系的制造业大国，是在全球贸易格局中举足轻重的第一货物贸易大国，是对全球经济增长拉动作用最大的第二大经济体。没有中国的广泛介入和深度参与，大疫后的世界经济发展进程是不可想象的。如同没有美国、欧洲、俄罗斯、沙特阿拉伯等各类国家和地区共同参与，世界经济整体性难以维系一样。当然，面对今非昔比的世界经济走势，面对深刻调整中的国际贸易秩序，中国不能以小农心理去参与全球产业链、价值链重组，也不能以小贩心态去应对正在形成的新的国际经贸规则。中国将以更加开放包容、更加积极进取、更易于合作的建设性立场，全面参与经济全球化的重启。在此背景下，任何国家都不可能回到纯粹的主权经济时代，都不可能在离群索居的状态下独立生存。无论是发达国家还是发展中国家，各国对世界市场的依存只会继续加深和增强，而不会有半点削弱。

③社会制度影响力之争与大国国力角逐不会改变，只会更加激烈和复杂

人类社会本来就是一个始终充满矛盾和冲突的对立统一体。不同社会制度、不同发展道路、不同管理模式之间，自然而然地要形成相互比对、彼此竞争、优胜劣汰的竞争关系。人类社会进入近现代历史阶段后，民族国家之间的这种竞争无时不有，无处不在。这种经纬万端、变幻莫测的竞争关系，对整个国际关系的演变，对人类社会的前途命运，有着潜移默化但又异乎寻常的深刻影响。

此次新冠肺炎疫情蔓延全球，中国政府领导全国人民精诚团结，万众一心，筑起抵御疫情冲击的钢铁长城，在全球抗疫阻击战中首战告捷，令世界刮目相看。在当前勃然兴起的经济复兴战中，中国政府未雨绸缪，运筹有方，复工、复产、复运、复市势头强劲，率先突围指日可待。中国的制度优势和体系优势得到充分体现，在国际上引起广泛赞誉，同时也引起某些势力不安。他们担心中国在全球抗疫斗争中占了先机，会变得更加强大；担心中国积极推动全球抗疫合作，会站上道义制高点；担心中国在经济复兴战中凯歌行进，会动摇其世界霸业。他们大力污名化中国，贬低中国抗疫成果，否定中国所做的独特贡献，甚至鼓动其他国家对中国“追责”“索赔”，在全球范围内制造山雨欲来风满楼的紧张气氛。

大疫之后，制度之争、国力之争和影响力之争引发的对立和冲突，极可能进一步升级变异。这不足为奇，也毫不足虑。我们不抱幻想，会做好充分准备。世界各国也应保持高度警觉，要准备共同应对新霸权、新冷战带给人类社会的新威胁、新挑战。

④不同文明形态既彼此有别又互通互鉴的历史大势不会改变，但会有新的特点和内涵

人类社会自古以来就是由不同文明形态共同组成的历史集

合体。人类文明是丰富多彩的，世界各国因各具特色，才有相互影响、此消彼长的发展前提。人类文明是完全平等的，世界各国因平等相待，才有取长补短、交流互鉴的现实可能。人类文明本质上也必然是开放包容的，世界各国因开放包容，才能获得兼收并蓄、协同发展的不竭动力。

此次新冠肺炎疫情全球暴发，世界各国纷纷行动起来，开展各种形式和各具特色的抗疫斗争。文明的差异性、多样性、复杂性、互通性与兼容性，通过不同的思维方式、行为方式，特别是疫情防控方式，前所未有地得到展示和释放。文明没有好坏优劣之争，只有地域区域之别，再一次被国际社会所广泛认知。不幸的是，某种势力所持有的文明优越论，也在一定程度上得到彰显和放大。这也是有目共睹的。

目前仍在持续发展的疫情阻击战、经济复兴战和舆论争夺战，使我们更加深刻地体会到：人类社会必须始终加强相互交流、相互学习、相互借鉴，而不应相互隔膜、相互排斥、相互取代，更不应相互嘲笑、相互诋毁、相互仇恨。我们应当懂得：任何形态的人类文明，都有其存在的理由和价值。大疫之后，我们必须更加充分地尊重不同文明的差异，更加理性地处理本国文明与其他文明的区别，更加警觉和防范某些国家固守文明优越论带来的灾祸和苦难。共同推动文明共生，将是大疫后人类文明进步发展的主旋律。

中华文明是历史悠久的东方文明，也是不断丰富和成长的现代文明。大疫之后，中华民族将会更积极、更广泛、更深入地研究汲取世界上其他民族创造的一切优秀文明成果。借助各美其美、美人之美、美美与共的独特文明观，中华民族与世界同行、与时代同步的意志和决心，将会得到更加集中的体现。中国需要世界，世界也需要中国这一历史大势，不会改变，也不可能改变。中华文明与整个人类文明的互动与融合，只能进一步巩固和加强。

（2）后疫情时代国际关系走向

当今世界秩序是由多边世界秩序和自由世界秩序两个秩序所构成的。自由世界秩序虽然在走下坡路，但它的生命力和韧性依然强大。因此，在可预见的将来，这些秩序同样不会销声匿迹。当下我们应该实事求是，不能做出不切实际的预测，否则将有害于我们国家的国际地位和外交政策。

①人类社会发展的基本特点和趋势不会变[①]

无论国际舞台风云如何变化，也无论全球治理体系如何转换，人类社会的本质属性不会变。人类社会发展的基本特点和趋势不会变。第一，人类社会相互依存，命运与共的本质属性不会改变，只会继续强化；第二，反全球化浪潮难以实现，全球化发展到今天是人类经济活动的必然结果；第三，人类社会的相互竞争难以避免，这不仅是发展水平的竞争，更是社会制度和治理理念的角逐，而这种竞争在今后也将更加激烈。于洪君将人类社会总结为不同文明形态组成的历史集合体，人类文明是丰富多彩的，是完全平等的，不同的文明形态应该力图在共同发展的过程中取长补短、兼容并蓄，求得和谐的共生。

②新冠肺炎疫情将给国际关系带来四大影响[②]

第一，自第二次世界大战之后 70 多年自由开放竞争的国际秩序中，科学主义的存在第一次受到了质疑。当人类坚信科学主义能让我们有效抵御灾害性冲击的时候，新冠病毒竟然使全世界变得如此脆弱无力。

第二，人类需要重新思考基本的生活方式，什么样的生活

---

① 本部分作者：于洪君，中联部原副部长、中国人民争取和平与裁军协会副会长。根据作者在察哈尔学会“如何判断疫情后的国际关系”视频会议发言整理。

② 本部分作者：朱锋，南京大学南海协同创新研究中心执行主任，教授。根据作者参加察哈尔学会“如何判断疫情后的国际关系”视频会议发言整理。

方式是真正和科学主义、现代主义、可持续主义联系起来的。人类需要一种更加健康，更加符合人类与自然的和谐共存的基本生活方式，这恰恰是国际关系最本质的力量。

第三，新冠肺炎疫情给人类社会带来了对传统进步主义的批判和反思。过去400年国际关系发展的一面重要旗帜是进步主义。进步主义的核心就是自由民主人权的价值。目前，人类过去300年的进步主义在受到前所未有的威胁。

第四，世界各地民粹主义的兴起对全球主义造成了严重冲击。总而言之，面对新冠肺炎疫情的影响，首先要做好科学的总结和规划，其次要做好心态准备。

③国际关系的变动趋势将大于其维持原状的趋势①

首先，新冠肺炎疫情的出现加剧了先前已经存在的国际关系变局，同时民粹主义和种族主义的现象也日益加剧。全球化方向发展、全球化进程和结构性矛盾的解决方案，已然是思考未来国际关系发展的一个重要出发点。

其次，中美关系并没有进入“新冷战”阶段，中国其实还是希望通过和平、理性的方式，通过多边的机构来解决矛盾和冲突。

最后，在疫情结束之后，亚太区域的发展仍将维持“在经济上依靠中国，安全上依附美国”的传统战略。

④对当前学界几种观点的批驳②

第一，关于“新冠肺炎疫情是压垮经济全球化的最后一根稻草”的说法有失偏颇。任何一种传染病都不会遏制经济全球化，更不会导致经济全球化逆转。经济全球化是社会生产力发展的客观要求和科技进步的必然结果，是不可能消失的。

---

① 本部分作者：刘宏，察哈尔学会高级研究员。根据作者参加察哈尔学会“如何判断疫情后的国际关系”视频会议发言整理。

② 本部分作者：江时学，上海大学拉美研究中心主任，教授。根据作者参加察哈尔学会“如何判断疫情后的国际关系”视频会议发言整理。

第二，“全球经济将加速发展，并转向以中国为中心的全球化”的观点也值得商榷。目前，中国还难以动摇美国在生产全球化、贸易全球化和金融全球化中的地位，也没有办法从根本上动摇美国在全球化规则中的特殊地位。因此以美国为中心的全球化很难转向以中国为中心的全球化，以中国为中心的全球化不可能在新冠肺炎疫情后马上出现。

第三，“新冠疫情意味着美国世纪的终结”观点也是失当的。迄今为止，虽然美国的国际形象以及软实力受到了负面影响，但美国的硬实力并没有发生实质性的动摇。

（3）“后新冠”时期的世界将会怎样①

当前，整个世界面临新冠肺炎疫情的巨大冲击，全球及区域供给链面临重塑。有关国家将会持续出台政策，促使制造业回归本国，全球贸易投资规模将出现收缩。但最终全球及区域供给链还是会服从于市场经济的合理性和资本的逐利性，经济全球化的大趋势不会逆转。

①全球化方向不会逆转，但节奏将有所调整

全球化总体上对各方有利。美国等发达国家的收入中位数近年一直在持续增加而非减少。从资本的角度看，合作的收益远大于风险。此次疫情下全球经济各种“断供”和“断需”，其实恰好证明了全球化已是一个既成的现实。疫情可以看作对全球化的一次测验，测验了哪些方面合格、哪些方面不合格，哪些需要改进、哪些需要扬弃。测试得出的结论之一是：各国应通过在卫生和经济事务上的跨境合作，来应对公共卫生危机。而这或将促进全球非传统安全领域的合作。

不过，全球化带来的利益在分配上并不均衡。而更关键的

① 本部分作者：杨伯江，中国社会科学院日本研究所所长，研究员。文章题目及来源：《“后新冠”时期的世界将会怎样》，《世界知识》2020 年第 9 期。

是，这种“不均衡”恰恰发生在世界头号大国美国身上。其实，在2008年国际金融危机之后的头几年里，就已经出现了一些“去全球化”的现象，如贸易增长放缓、贸易保护主义抬头等。不过，这些以商品、服务、资本、人员国际流动减少为特征的“去全球化”，实质上只是使全球化进程放缓，而不是逆转。

目前最现实的问题是供给链的重塑。有关国家会更注重保持供给冗余度，谋求构建更多元化的供给链，增加供应链的弹性与韧性，规避过度依赖偏远地区供应的风险。目前中国集中了全球制造业产能的约30%，因此也将成为这一轮供应链调整的重点对象，成为“靶心”。

②国际关系的区域化发展趋势可能加速

病毒攻击不分国界，但带有地域性特点。生产基地与消费市场之间距离越远、布局越分散，就意味着风险越大。因此，今后的国际合作可能会更多考虑地理、地缘性因素。海外投资的企业可能会将经营重点放在更靠近本土而不是远离本土的地方。更靠近本土就意味着“本地区”，这将促进地缘经济思维的上升。

在这种情况下，区域合作、经济一体化可能得到促进。有学者已提出，中国应加快“引资补链”，在粤港澳大湾区、京津冀、长三角、成渝等地区重点打造一批空间上高度集聚、上下游紧密协同、供应链集约高效、规模达几千亿元到上万亿元的战略新兴产业链集群。在幅员辽阔的中国，将产业链全部配置在本土范围内是可能的，但在日韩等国则有难度，只能依托周边特别是东北亚地区进行调整。这将提升东北亚区域内的贸易比重，促进区域内各国间经济依存度进一步加强。

此次疫情下，世界不同区域的表现存在较大差异，欧盟、东亚（包括东北亚和东南亚）、北美国家，各个地区政府与民众在反应和对策上都明显不同。疫情应对在一定程度上反映出某个特定地区的文化共性，相对于欧美的“工具理性”思维，东亚国家的抗疫举措则体现出“人本化”的价值观念。而这些文化共性或将成为进一步加强区域合作的社会文化基础。

③大国战略博弈加剧，尖端技术、规则标准之争成为焦点

“后新冠”阶段的国际关系，将在疫情之前形势的延长线上继续演进。就大国关系而言，规则、标准已经成为大国战略博弈的焦点。2019 年 1 月达沃斯论坛上，安倍提出全球数据治理这一新概念，并推动在 6 月大阪 G20 会议上进行了讨论。当时安倍提出必须制定数字经济监管规则。日本数字经济起步较早，但发展速度和市场规模相对滞后。数字经济原本是世界贸易组织（WTO）的讨论议题，日本明显是要在这一议题上抓住规则制定主导权，引导 WTO 改革的讨论方向。

在高技术领域，国际战略博弈强度也在提升。2019 年年底日美主导修订《瓦森纳协议》这一集团性出口控制机制，增加了对 12 英寸硅片技术出口的限制内容。这是要对中国实施“卡脖子”，精准打击中国快速发展的半导体产业。在美国打压华为的同时，日本也约谈了几家中国高科技公司的负责人。

美欧日对安全问题的重视日益增强，并更多地把经济问题、科技问题与国家安全问题结合起来考虑。背景是各种军用、民用技术合流，军民两用技术增加，科技研发、生产领域“军民融合”发展的普遍化。2019 年欧盟出台了外商直接投资审查新规，在涉及高科技、关键基础设施和敏感数据的产业领域对外国投资加强了审查。美国、日本也加强了类似的限制手段。不少国家担心在投资上因为外资收购而失去对本国战略部门的控制，以及在贸易上的基本供应过度依赖外部，于是争相推出新政策，加强自主性，减少对外部的依赖。

④中美战略博弈持续激化，日本仍将扮演“两面人”角色并会给自己“加戏”

“后新冠”阶段，特朗普的贸易保护主义政策势必加码，针对多边主义的攻击会进一步加强。不过，安全摩擦乃至军事碰

撞不会成为美国政策的优先选项，美国在安全领域与“潜在对手”的较量，将主要体现在军事技术开发与地缘战略布局上。但不能排除美国将摸索触碰中国的核心利益，比如台湾问题。2019 年 5 月美国国会通过“台湾保证法 2019”及“重新确认美国对台及对执行台湾关系法承诺”决议案，2020 年 3 月又以 415 票赞成、0 票反对的压倒性票数通过了所谓“台北法案”。特朗普 3 月 27 日签署了这项法案。这些都会激化中美在台湾问题上的深刻矛盾，甚至成为未来冲突的导火索。

东亚国家在抗疫中表现出的文化共性，也令美国产生了危机感。同时，面对本国日益严峻的疫情，美国国内开始出现反思，《世界是平的》作者托马斯·弗里德曼认为，新冠肺炎疫情将成为新的历史分期的起点。从人类面对共同威胁、需要携手应对这一视角看，2020 年堪称“人类命运共同体元年”。马里兰大学教授米歇尔·盖尔芬德提出，面对公共卫生危机，中国那样的“紧密型社会”比美国这样的“松散型社会”更能做出有效回应。“在接下来的日子里，我们（美国）的松散文化需要一次大转型。”学术界出现的文化和观念层面的反思、对东方的肯定，让美国战略精英们感到担忧。

面对疫情压力，在危机感与竞争意识双重驱动下，美国政府有人做出了“甩锅”“索赔”的动作。从美国内政角度看，这一做法是着眼总统选举，要转移视线，推脱责任。假设从疫情得到控制到 11 月大选有一段间歇期，那么这将是民意迅速发酵甚或重构的重要阶段，可以预期，现政府、共和党将面临更大的压力。从美国的国际战略看，则有在不利处境下以攻代守、强行压制的味道。

日本战后最长的景气周期在 2019 年下半年就已岌岌可危，加上此次的疫情和东京奥运会延期等的冲击，日本经济更是雪上加霜。美国搞单边主义、日韩关系尚未完全缓解、东南亚市场容量有限，中国是能拉动日本经济为数不多的要素之一。日本政府曾推动企业搞“中国 + X”，但日本也不可能摆脱美国的战略轨道。日本国债居高不下，军事与社保争预算，无法自行弥补“脱美”造成的安全系数下滑。日本对美奉行的是“建设性追随”路线，通过增加战略自主性，将美国因素化为实现本国目标的战略性工具。同样，在中美之间，日本要做“积极作为的两面人”，而不是“消极无为的两面人”。

⑤中国“危”“机”并存，转危为机关键在应对

新冠肺炎疫情对中国经济社会发展的冲击、对对外关系的影响巨大而深远。中方最需要冷静分析形势，科学决策，智慧应对。关键环节有三个：什么样的国家、在何种条件下、以何种思路应对何种危机。危机既包括公共卫生危机本身，更包括疫情引发的经济社会发展问题，以及疫情带来的外部环境的不确定性。

通过这次疫情，更能辩证地看清我们自身的优长与短板。疫情防控反映出中国的体制优势，特别是在社会动员力、政策执行力、基层组织力上的突出强项。从克服经济社会发展的困难角度看，中国的基本国情中仍有不少欠发展的部分，各类发展性指标的人均值仍落后，与国际先进水平差距较大，东西差距、城乡差距明显，欠缺平衡，医疗财政占国家总财政预算比重、万人医生比值远远低于发达国家。但是按照发展经济学的观点，这也意味着，相比发达国家，我们仍有巨大的内在发展潜力。

中国应抓紧利用好与欧美在疫情控制上的“时间差”，力争率先全面恢复正常的生产生活秩序，积极调整、主动作为。在经济产业上，一方面全力推动产业转型与提质升级，通过科技研发逐步实现高技术产品及其零部件的进口替代，提升在区域乃至全球分工体系中的地位；另一方面集中资源，大力开发欠发达地区，通过投资改善发展环境，释放发展潜力，带动内需规模性发展以支撑总体经济增长。

对外政策上，中国应主动推动区域融合、经济一体化，并把东北亚作为重点。此次疫情防控中，欧盟的困境反映出其一体化模式存在的问题，特别是一体化经济社会政策与国家主权之间的矛盾。从这个角度看，东北亚区域应当以治理为导向、而非以权力为导向构建地区秩序。

东北亚通过治理合作推动区域一体化与地区秩序转型，更适合采用东盟模式，即重大决策都是在国家而非地区组织的层面上做出，不能照搬强行“大一统”的欧盟模式。东北亚加强区域合作、以治理合作推动区域一体化及地区秩序转型的关键有三方面：一是奉行“柔性的多边协调主义”原则；二是坚持“优化存量、改善变量”的基本思路；三是探索由浅入深、循序渐进的实操路径。

“后新冠”阶段，中日关系仍将处于合作与竞争并存的“新常态”。“新时代的中日关系”有其时代特色、有新的追求，但并不意味着所有问题都能得到解决。而有问题又不等于不能实现发展。中日关系将持续改善，但结构性矛盾短期难以消解。面对错综复杂的局面，中国既要“紧”，也要“稳”，该做的要抓紧做，主动作为，协调合作，推动以双边带周边。但一切应建立在扎实研究、科学研判的基础上，目标设定要合理，方案具有可行性，不能以期盼代替研判，以良好愿望代替客观分析，只有这样才能真正实现中日关系的可持续稳定发展。

2. 源于未知的担忧

单极中心世界体系走向终结，国际权力结构可能重塑。从目前全球力量格局演变的趋势看，未来世界既不会走向无中心的失序状态，也不会出现“两霸”对垒的局面。最有可能的是形成中、俄、美、欧等多个力量中心互动、博弈、制衡的局面。这样的局面，也较易被万国接受。

（1）**世界是否只有两种前景?**①

瓦尔代报告把国际格局的未来归结为两种可能：一是在联合国基础上创建新的功能结构；二是中美冲突，而且“比起20世纪下半叶稳定的美苏模式，这种冲突或将不可调和”。

在英国脱欧、美国“退群”的当下，难以想象联合国在可预见的未来会进化为更有决策力和行动力的架构，尽管从长远来看，联合国作为协调国际关系的世界性组织，在维护世界和平中发挥着无可替代的作用，依然有完成主要使命的潜力。也无法想象中美关系短期内能比美苏争霸更加你死我活，何况20世纪下半叶美苏模式一度恶化到发生古巴导弹危机，说不上“稳定”。

中国是交响曲《黄河》第二乐章大提琴齐奏的主旋律，雍容大度，充满自信，川流不息，奔向中华民族伟大复兴；或者说“野狗狂吠，驼队从容不迫前行”。

这次百年未遇的新冠肺炎疫情势必改变世界面貌。

新冠肺炎疫情使二百多个国家组成的国际社会分崩离析，就连欧盟这样近乎完美的国家间一体化模式，也无法解决疫情这个相对单一的问题。相反，国家在社会经济中的作用越来越显性化。

像中国和俄罗斯这样政通人和、上下齐心的国家有可能比较顺利地渡过难关，实施自我改革，变得更有韧性，更加强大，更有吸引力；相反，某些执政能力薄弱、应对不力、族群分裂、社会骚乱的国家将陷入停滞或衰退。

维持中美斗而不破的关系，是中国人的良好愿望。美国觉得中国崛起必然挑战其全球霸主地位，中国觉得美国遏华、“领

---

① 本部分作者：盛世良，新华社国际问题研究中心研究员，中国社会科学院中俄战略协作高端合作智库常务理事。文章题目及来源：《世界不会只有两种前景吧?》，华东师范大学俄罗斯研究中心微信公众号。

导世界一百年”毫无道理。然而，中美渐行渐远，彼此疏离，或许能为两国避免迎头相撞提供安全距离。美国的综合实力依然雄厚，中国将强未强，美强中弱是一段时期里两国力量对比的基本格局。

在新冠肺炎疫情冲击和美国放弃全球领导责任的双重冲击下，全球化体系碎裂，世界可能经历一段“四散碎裂”的失序过程。某些地域相连，有共同历史文化，在资源、人口、经济、科技等方面互补互通，在安全领域愿意合作的国家将积极整合，形成“区域共同体”。未来世界将不再由美欧代表的西方主导，也不会由中国或东方、南方国家主导，而是由多文明、多中心的国家共同体，通过共商、共建、共享，建立多元一体的世界新秩序。

（2）后疫情时代应做好现有全球体系瓦解的准备①

新冠肺炎疫情正在改变世界，改变全球秩序。我们要做好现有全球体系瓦解的准备，在精神上、思想上和物质上都有准备，不要幻想原有的体系还能够延续，所谓的脱旧钩和挂新钩，产业链的重构等都是大势所趋。未来世界，不是由某个国家主导的单一体系，一定会存在多个并行体系。

①新冠肺炎疫情正在改变世界

新冠肺炎疫情对于全球造成的冲击很大，应该说是世界历史上会产生重大影响的事件，对于经济、政治、社会、文明习俗都会造成很深远的影响。

这次疫情，对于经济造成的动荡，已经跟美国大萧条差不多；政治上已经造成了严重的政治对立甚至冲突，虽然达不到全球军事性战争的水平，但是已经跟全球战争有一定的重合度，

---

① 本部分作者：王湘穗，北京航空航天大学战略问题研究中心主任，教授。本部分根据作者在“新冠疫情与世界大变局”专题视频会议（清华大学国家治理与全球治理研究院和清华大学国情研究院主办）的发言整理。

各个国家的总统和领导人都说自己是战时总统，希望要集中权力去应对；世界各个国家内部的裂痕也很重，全球化的财富分配不平等，导致疫情成为“穷人的瘟疫”；在文明对立、体制攻击、习俗妖魔化和种族的攻击方面，都出现了这种战争化的动向，华裔犹太化，西方政客继续操纵反华的议题，现在正在把一场人类和病毒的战争，变成一部分人对另一部分人的战争，这种迹象已经出现。

2020年5月中旬的《经济学人》封面为向全球化说再见。这种情况就说明，现有的全球秩序恐怕难以维系。主要的原因是，现有的世界体系对于目前全球的挑战是不适应的，由于现有的全球体系本质上还是为资本增值服务的体系，因此不可能提供全球公共的必要产品，能够有公平的分配体系，能够在应对危机的时候大家合作抗疫。因此，在全球化进程中出现新问题的时候，这个体系没有办法应对。

如果我们看全球化的时候，把眼界扩展一下就会发现，这次疫情在一定程度上跟生态破坏是有关系的。按照比尔·盖茨基金会的研究，预测现在全球的病毒有160万种，现在我们了解的不过是3000种。地球生物圈存在160万种病毒，它们有自己的生物圈和生物链，但是人类的全球化侵入到它们的生物链里去了，这导致了瘟疫的大规模出现。在21世纪，冠状病毒的全球流行已经发生了好几次。最可怕的是病毒从生态层面，切入到人类社会层面。

总之，疫情之后世界将不是原来的世界，会重新大洗牌和大重组。现在一个怪现象是，疫情严重的国家集体清算疫情改善的国家。我们把抗疫看作一场人与病毒的战争，一些在抗疫中表现不好的国家反而在批评甚至攻击疫情有所缓解的国家，要对成功战胜了疫情的国家进行算账。这是他们的短视和狂妄，没有看到疫情将改变世界力量格局的这种变化。疫情既是原来已经发生的世界格局变化的催化剂，也是全球化进程的一个新的拐点，这个拐点不是一种速度的变化而是性质的变化，就是全球化的主导者改变了。

②疫情会从根本上改变全球秩序

目前的全球秩序，本质上是“美式”全球体系。“美式”全球体系，是在第二次世界大战之后依靠美国的军事胜利和经济实力建立起来的，包括关贸组织、世界银行、国际货币基金组织和联合国一系列的全球制度体系。在2008年之后，它已经开始出现了体系性的危机。新冠肺炎疫情重创了残存的“美式”全球体系，很可能导致“美式”全球体系的终结。这是一个很大的变化。

这次疫情对于美国和“美式”全球体系来讲都是一个重大的危机，美国成为世界上病例最多、病亡人数最多，也是感染人口比例最高的国家之一，对它的影响很大。

具体讲，一是经济元气大伤。各项经济指标都不好，已经出现了大危机，正在走向大萧条。二是就是国内政治矛盾加剧。除了两党的竞争极端的激烈化以外，也出现了联邦政府跟州之间的宪政之争，包括反对州政府居家令的群众走上街头，众议院又在搞特别调查委员会，调查特朗普的抗疫和救助计划，把特朗普又推上审判台。三是美国社会分裂进一步加剧。美国的黑人和拉丁裔死亡率非常高。特朗普政府废除了奥巴马的全民医保，使得一些美国人失去医疗保险看不起病。这次疫情在加速美国社会的种族问题，也在强调阶级矛盾，使美国内部的裂痕越来越深。四是美国被迫全球收缩。虽然不是从疫情之后开始的，但是疫情之后在加快，比如说对于全球的“退群”，这次美国没有承担起领导者的责任，而且向世界卫生组织“甩锅”且拒不缴纳会费。美国军事力量是“全球力量”“全球到达”，但是这次疫情中7000多名美国官兵感染、40多艘军舰“瘫痪”，五角大楼发出停止行动的命令。这些都说明，美国对于军事力量的极限可能不是遇到另外一支强大的军事力量，而是没有办法适应多样化的全球安全挑战。

同时，这一次的疫情也体现出美国在产业链、公共卫生医疗体系上的不安全。所以，美国政府主张把这些产业链迁回美国去，把安全问题放到经济问题之上。这导致原来围绕美国的单一垂直产业分工体系，会变为若干个并行的产业体系。如果把“美式”全球化看成一个大木桶的话，现在维系大木桶的桶箍都已经断裂了。由美国单一主导的全球体系面临瓦解，世界将朝着多样化、多极化的全球体系发展。

因此我们要做好现有全球体系瓦解的准备，在精神上、思想上和物质上都有准备，不要幻想原有的体系还能够延续，所谓的脱旧钩和挂新钩、产业链的重构等都是大势所趋。未来世界，不是由某个国家主导的单一体系，一定会存在多个并行体系。

③疫后的全球会走向一个多样化世界

以前是美国主导的全球化，未来会出现一批洲域共同体，比如欧洲、亚洲、美洲的一些国家，以洲为单位组成洲域共同体。美国体系的裂变和洲域共同体的聚合，是两个并存并行的运动。

全球霸主主导的全球体系，会走向一种区域合作的时代。新型的全球化，会偏重更安全、更加坚韧、组建更加平等和结果更加公平，按照我们在“一带一路”愿景里面讲到的，是一个共商、共建、共享的全球化，而不是一种单极式的全球化。

美国还会继续沉沦，但是由于美国整体实力的情况，还会成为未来多样化世界上的一极。但是，美国作为曾经的全球霸主，在收缩的时候会非常不舒服，会表现出“衰落期综合征”，表现出很强的攻击性，可能会把世界带入动荡不安当中，对此我们应该要有所准备。

欧洲也会有所整合，这次疫情中欧盟表现得并不好，没有给欧洲国家提供“安全屋顶”，他们现在也在积极地补救。欧洲还是会成为世界多中心之一。

除了美欧之外，以中国为核心的东亚地区也正在进行整合，未来的东亚地区也要形成一个新中心。

全球化是复杂的社会运动，不是简单的线性过程，不是顺全球化、逆全球化、高潮和低潮的问题，不仅是一个方向的问题，也包括更复杂的变化，包括性质变化。而在这次疫情之后，就可能会出现一个性质变化，笔者称为全球化的迭代发展。

按照世界体系的理论框架，以前的全球化有西班牙版、荷兰版、英国版、美国版，未来就可能会出现5.0版的全球化，是一种多样性的全球化。其中有很多新文明的介入，以文明包容性解决全球化过程中的深度不确定问题，解决“想不到”的问题。

在这次抗疫过程中，中国的抗疫模式里就体现出很强的包容性，把中医药体系，也就是把中国人几千年来的生存智慧，特别是遇到疫情的经验运用于抗疫，收到了明显的成效。所以笔者觉得这次全球化的迭代，需要文明的互鉴和互相学习。文明之间互相学习看起来是抗疫的副产品，却可能是全球治理创新和全球化迭代的新起点。

（三）新形势下大国合作的重大意义

新冠肺炎疫情全球扩散犹如一场没有硝烟的“世界大战”，不仅威胁人类生存、重创世界经济，也将对国际秩序产生重大影响，深刻改变冷战结束以来的全球政治、经济与安全图景。疫情冲击下，中、俄、美、欧等大国在国际秩序中的地位均发生了深刻变化。

1. 多边主义的时代意义

多边主义不再是一个纯粹的合作工具或精神象征，而是逐步成为多方参与的全球和地区共治，以协商、对话等方式处理公共性、区域性的复杂问题，涉及政治、经济、外交、安全，甚至是生态环境、传染性疾病、信息传播、人口流动、太空利用等方方面面，使其在国际治理体系的建构过程中占据极其重要的位置。因此，多边主义在此次各国携手抗击新冠肺炎疫情的背景之下，将进一步体现其特殊的存在价值和指导作用。

（1）欧洲疫情升级彰显多边主义的时代意义①

随着新冠肺炎疫情在全球的蔓延，欧洲成了“重灾区”，意大利、西班牙、德国、法国等国的确诊人数不断攀升，而且还有进一步“升级”的趋势。如何加强国际合作，有效应对疫情的威胁，也出现了不同的态度。一种是认为应该加强多边合作，相互扶持，共克时艰；另一种则是坚持单边主义，煽动种族和排外情绪，甚至在最需要破除意识形态藩篱的特殊时刻，拒不放弃冷战思维，以邻为壑。在中东欧地区，就出现了这样两种倾向，有的国家积极寻求国际支持，有的国家则以维护自身“安全”为由，闭关锁国。比如波兰等国就拒绝俄罗斯向意大利运送援助物资的运输机过境。

在全球化迅猛发展的时代，国与国的联系愈益紧密，世界性的问题也越来越多地困扰人类社会的生存和安宁，造成的危害越来越大。只有坚持新的国际合作思维，维护多边主义的体制和规则，才是实现共同发展的必要前提。疫情当中世界卫生组织以其专业性、国际性、权威性的视角，给出很多有益的建议，采取了一系列行动，受到各国的赞誉。但也有不和谐的声音，比如特朗普政府就公开宣布要把美国给世卫组织的1.23亿美元捐款减少到5800万美元，对其他国家的所谓援助也是“口

---

① 本部分作者：孙壮志，中国社会科学院俄罗斯东欧中亚研究所所长，中国社会科学院中俄战略协作高端合作智库副理事长兼秘书长，研究员。文章题目及来源：《欧洲疫情升级彰显多边主义的时代意义》，俄罗斯国际事务委员会网站，https：//russiancouncil. ru/sun-zhuangzhi/，原文为俄文版，中文版系作者提供。

惠而实不至”，包括对欧洲的盟友。

与此形成鲜明对比的是，中国在国内防疫形势异常严峻时得到包括来自很多欧洲国家的外部支持和无私援助，而在国内疫情得到初步控制、国内物资依旧紧张的情况下，第一时间向欧洲国家提供各种帮助。以实际行动践行了加强与伙伴国家的协调和配合，共同维护多边主义和以规则为基础的国际秩序，推动国际社会合作应对重大挑战的主张。中国领导人强调以开放求发展，深化交流合作，坚持“拉手”而不是“松手”，坚持“拆墙”而不是“筑墙”，坚决反对保护主义、单边主义，不断削减贸易壁垒，推动全球价值链、供应链更加完善，共同培育市场需求。这些“中国智慧”“中国方案”，将在疫情结束后对世界经济的恢复和发展起到重要作用。

肆虐的新冠肺炎疫情面前，各国的资源和经济面临极大的考验，特别是国际化程度很高的中东欧国家，多边主义之所以越来越受到认可和欢迎，因为它的基本特征之一就是强调协调与合作。多边主义不再是一个纯粹的合作工具或精神象征，而是逐步成为多方参与的全球和地区共治，以协商、对话等方式处理公共性、区域性的复杂问题，涉及政治、经济、外交、安全，甚至是生态环境、传染性疾病、信息传播、人口流动、太空利用等方方面面，使其在国际治理体系的建构过程中占据极其重要的位置。因此，多边主义在此次各国携手抗击新冠肺炎疫情的背景之下，将进一步体现其特殊的存在价值和指导作用。

（2）新冠肺炎疫情全球扩散，中国面临多重挑战①

当前，新冠肺炎疫情呈现全球蔓延态势，不仅将进一步加

① 本部分作者：冯玉军，复旦大学国际问题研究院副院长、俄罗斯中亚研究中心主任，中国社会科学院中俄战略协作高端合作智库常务理事，教授。文章题目及来源：《新冠疫情全球扩散，中国面临多重挑战》，今日头条，2020 年 3 月 6 日。

剧全球公共卫生危机，也将给正处于抗疫关键阶段的中国带来多重挑战。

第一，东亚已成新冠肺炎疫情重灾区，欧美地区的疫情也呈现扩散势头，而这些国家和地区也是与中国经济和人文交往最为紧密的地区，疫情“倒灌”的风险值得高度关注。

第二，全球多家权威经济机构认为，新冠肺炎疫情全球扩散正导致世界经济“休克”，其对世界经济造成的伤害可能超过2008年国际金融危机。内外双重“休克”叠加，中国经济面临的压力进一步加大。

第三，疫情之下，世界经济界表现出对“产业链”分散的担忧，日本首相安倍晋三已经向产业界发出将在中国的生产线迁回日本的呼吁。疫情冲击与“去全球化”相互叠加，将导致世界产业链和价值链的重大调整，中国与世界经济的相互关系面临重组。

第四，疫情之下，多国极端民族主义抬头，出现对于特定人群的不公正对待，不同版本的“阴谋论”四下流散，中国面临保护海外公民利益和保持国内国民健康心态的双重任务。

2. 力量重构中的激烈冲突

中、俄、美关系反映国际秩序建设的主要内容和基本矛盾，代表新国际秩序建设的不同理念和主张，并在很大程度上决定未来国际秩序走向。未来国际秩序的形成将是一个长期和曲折的过程，任何一个国家或国家联合都不可能单独构建起普遍的国际秩序。在中、俄、美形成的竞争性结构下，不可能出现一元化的国际秩序，未来国际秩序有三种可能的形态：碎片化、多元型和“新东西方”体系。“新东西方”体系有可能演变为以中美对立为主要框架。2020年新冠肺炎疫情大流行对国际秩序和中、俄、美关系产生巨大的冲击，但这更可能是加速原有进程，而不是改变方向。

（1）俄罗斯战略视野下的“后疫情时代”国际秩序①

新冠肺炎疫情全球扩散犹如一场没有硝烟的“世界大战”，不仅威胁人类生存、重创世界经济，也将对国际秩序产生重大影响，深刻改变冷战结束以来的全球政治、经济与安全图景。2020年3月底以来，俄罗斯防疫形势急剧恶化，政府被迫改变原来比较松弛的心态，进一步强化防疫力度。但相对而言，俄在世界大国中受疫情冲击最小。在其他大国严重受损之际，俄战略界认为俄罗斯迎来了克里米亚危机甚至冷战结束以来最大的战略机遇。2003年后，不断强化的俄权威体制受到西方和一些反对派的质疑，俄社会对普京此前提出的宪法修正案也众说纷纭。但疫情防控的紧迫性却为俄当局维护既有体制提供了意想不到的合法性理由。采取强力措施防止疾病蔓延使巩固主权特性、突出国家主义、强化总统权威、限制社会空间甚至大范围应用AI监控都具备了正当理由。新冠肺炎疫情严重冲击世界经济，可能导致类似20世纪20年代末的大萧条。世界经济下行将恶化俄外部经济环境，但由于俄经济素来具有自给自足的特点且参与世界经济一体化程度不高，因而所受冲击较小。在俄的世界观里，国际政治就是零和博弈。俄战略界人士踌躇满志地认为：“全球经济衰退将引发世界经济体系深度调整。危机条件下，各国竞争的实质不是控制全球生产链中最重要的技术部门和短期内最具发展前景的公司，而是实现生产和技术的相对自给自足，以确保本国优先利益。”在全球化层面，继中美贸易战凸显全球化分歧后，已经遇阻的全球化进程因新冠肺炎疫情再次“急刹车”，已运转多年的全球供应链、产业链、价值链将逐渐断裂重组，生产的本土化、地区化趋势将相应

① 本部分作者：冯玉军，复旦大学国际问题研究院副院长、俄罗斯中亚研究中心主任，中国社会科学院中俄战略协作高端合作智库常务理事，教授。文章题目及来源：《俄罗斯战略视野下的“后疫情时代”国际秩序》，《世界知识》2020年第9期。

加强。俄对全球化始终若即若离，新冠肺炎疫情暴发进一步增强了俄作为“被围困堡垒”的自我认知：全球化的弱化甚至中断可以更好地凸显其自身优势。

（2）中、俄、美关系与国际秩序①

国际秩序是被创造出来的。② 在国际秩序的创造中，大国具有更大的作用。在当今的大国中，中、俄、美的影响又最为突出。不论作为个体还是它们的整体关系，中、俄、美都是塑造未来国际秩序最重要的因素。③ 中、俄、美在国际秩序发展方向上最具代表性，它们不仅反映国际秩序建设中的主要内容和基本矛盾，还体现新国际秩序建设的不同理念和主张。它们的关系在相当大的程度上决定着未来国际秩序的走向。当然，这不意味着轻视其他国家必不可少的重要作用，也不意味着中、俄、美可以包办新国际秩序。

国际秩序是一个复杂的理论问题，许多博学之士对此有深入研究。以最简单的解释，国际秩序就是由国际规则、原则和制度等构成的处理国家关系的稳定和结构性的一系列安排。国际秩序也是一个复杂的实践问题。在现实的国际政治中，它不是一个简单明晰的存在，而是表现为错综复杂的形态。即使是对现行国际秩序是什么这一最基本的问题，也存在着不同的理解和解释。这种不同不仅仅是学术性的争鸣，它往往也体现着国家之间的政治分歧和对国际政治“制高点”的争夺。中、俄、

① 本部分作者：赵华胜，复旦大学国际问题研究院教授。文章题目及来源：《中俄美关系与国际秩序》，《俄罗斯东欧中亚研究》2020 年第 3 期。

② Richard Haass, “How a World Order Ends: And What Comes in Its Wake”, *Foreign Affairs*, Vol. 98, Iss. 1, 2019, p. 22.

③ Andrey Kortunov, “China, Russia and US define world order”, July 17, 2019, https://russiancouncil.ru/en/analytics-and-comments/comments/china-russia-and-us-define-world-order/.

美在国际秩序问题上的矛盾即是如此。

本部分不是对中、俄、美关系与国际秩序问题的全面考察，而是集中探讨三个问题，即中、俄、美与国际秩序衰落的关系，中、俄、美在国际秩序建设中的角色，以及中、俄、美与未来国际秩序的形成。

①谁导致自由主义国际秩序的衰落？

第二次世界大战之后形成的以西方为主导的国际秩序在衰落是公认事实。新兴力量崛起和西方自身相对衰落是它的基本背景和根源。西方相对衰落是整体性的，它不仅表现在经济和军事等物质指标上，更主要表现在政治、文化和发展模式上的吸引力。随着新兴力量的崛起和经济上的成功，以及西方内部种种问题的出现，西方模式的吸引力下降，它的至高地位开始受到挑战。[①] 那么，在这一宏观背景之下，中、俄、美对自由主义国际秩序的衰落各起什么作用？

中、俄、美对现行国际秩序的理解有重大差异。在美国的国际政治词典中，现行国际秩序即自由主义国际秩序，这也是西方通常的理解。关于自由主义国际秩序衰落的原因有两种主要观点：一种是归咎于特朗普，[②] 另一种是指向中国。后一种观点不仅在美国学术界流行，也为美国官方所认可。

尽管这一观点符合国际秩序变化的抽象逻辑，即大国兴衰是国际秩序变化的根源，不过，具体到中国与当今自由主义国

---

① 法国总统马克龙认为西方在政治上衰落，失去政治想象力，而新兴国家在崛起的同时，民族文化复兴，给国际政治带来新思想，这都是西方霸权可能终结的原因。Ambassadors’ conference-Speech by M. Emmanuel Macron，President of the Republic，https：//lv. ambafrance. org/Ambassadors-conference-Speech-by-M-Emmanuel-Macron-President-of vthe-Republic。

② Грэм Эллисон，Миф о либеральном порядке，http：//www. globalaffairs. ru/number/Mif-o-liberalnom-poryadke-19668.

际秩序的衰落，这一观点不是没有问题。毫无疑问，中国崛起对由西方国家主导和以西方价值体系为基础的自由主义国际秩序造成重大压力，但在自由主义国际秩序的衰落中，中国崛起的作用是次要的，它更多表现为一种背景，而不是直接冲击。

自由主义国际秩序是一个复杂的问题，有关它的看法和阐释缤纷繁杂。① 一般认为，自由主义国际秩序的核心思想是民主政治、市场经济和国际机制。也有学者把它的核心特征解释为以规则为基础的自由贸易体系，强大的联盟和实施遏制的足够军事能力，以多边合作和国际法解决全球问题，在世界推广民主等。按照西方学者对国际秩序的分类，在自由主义国际秩序之外，还有以实力为基础的国际秩序和以利益调节为特点的保守主义国际秩序。②

中国从来没有在整体上接受自由主义国际秩序，③ 中国也不使用自由主义国际秩序的概念，中国甚至不把战后形成的国际秩序理解为是纯粹的自由主义国际秩序，也不把它作为总体的国际秩序和规则。

与此同时，不可否认的是，在国际政治中占有主导地位的自由主义国际秩序与第二次世界大战后形成的国际秩序存在着大面积的重合，并且难以完全分割。第二次世界大战后形成的国际秩序的理念、规则和机制在相当大程度上体现着自由主义

① 袁正清、贺杨：《国际关系研究的2018年热点与新进展》，载张宇燕主编《国际形势黄皮书：全球政治与安全报告（2019）》，社会科学文献出版社2019年版，第283—300页。

② Michael J. Mazarr, Miranda Priebe, Andrew Radin, Astrid Stuth Cevallos, "Understanding the Current International Order", Rand Corporation, 2016, https://www.rand.org/pubs/research_reports/RR1598.html.

③ 于滨教授对此有详尽的阐述。参见于滨《中俄与"自由国际秩序"之兴衰》，《俄罗斯研究》2019年第1期。

国际秩序的特征，或者是它的主要构成部分，联合国、世界贸易组织和国际货币基金组织这些最重要的国际多边机制都存在于自由主义国际秩序之内。因此，所谓接受和进入国际秩序，在某种程度上也是接受和进入自由主义国际秩序。从这一角度出发，中国崛起的过程总体上是逐渐接受和进入国际秩序的过程，同时也是进入西方所理解的自由主义国际秩序的过程，而不是摧毁它的过程。

中国的崛起过程与国内改革开放过程是同步的。中国的改革开放在政治上向民主化和法治化方向发展，在经济上从计划经济转向市场经济，在对外关系上从封闭转向开放，与国际规则接轨，并融入世界。虽然中国从未在整体上完全接受所谓自由主义国际秩序，特别在意识形态层面，但中国的发展在相当大部分是与自由主义国际秩序的主张相洽，而不是与自由主义国际秩序对立和对抗。

从大国冲突对自由主义国际秩序冲击的角度来看，中国的影响也不是主要的。自 1989 年以来，中美关系一直磕磕绊绊，矛盾不断。但除了在一些阶段性的短暂时期，在冷战结束后的大部分时间里，中美矛盾都不是对国际秩序最强烈的冲击因素。近几年情况发生改变，中美矛盾上升到国际政治的最前沿，但这已经是在自由主义国际秩序被严重削弱之后。

从时间顺序的角度说，中国崛起的过程与自由主义国际秩序衰败的过程虽然平行，但两条曲线并不同步。中国崛起对国际秩序的显著效应只是在近年才凸显的，但自由主义国际秩序远在此前已经开始衰落。以“一带一路”倡议的实施和推进为例，“一带一路”倡议在 2013 年才提出，也只是在近几年才形成整体性效应，说“一带一路”倡议有取代自由主义国际秩序的功能，是外界强加于“一带一路”倡议的，它本身并没有设定这种目标。

中国的崛起改变了国际力量格局，但并没有改变现存国际秩序的基本框架和基本规则。从改革开放至今，中国40多年来的国际政治主张有发展和演进，但没有根本性的方向改变。中国维护联合国的权威，主张国际政治多极化和经济全球化，加入世界贸易组织和发展市场经济，推动多边贸易机制，接受国际规范的约束，持续加大对外开放。中国也一贯主张尊重国家主权，反对干涉内政，各国有权自主选择发展道路，在外交上非意识形态化，实行不结盟、不对抗政策。中国主张对现行的以联合国、世界贸易组织、国际货币基金组织为基础的国际政治、经济、金融机制进行改革，但在性质上是改良而不是革命，更不是摧毁它们。中国的基本目标是使这些国际机制适应已经变化了的形势，更加公正合理平衡，并提高中国在其中的合理权益和地位。

简而言之，中国崛起对现行国际秩序是建设性因素，而不是破坏性力量，这是中国崛起与现行国际秩序关系的基本性质，在一定意义和一定程度上，这也是中国与自由主义国际秩序的关系。①

俄罗斯对现行国际秩序衰落的作用较为复杂，它有两重性：一方面，俄罗斯坚持维护第二次世界大战之后形成的国际秩序的骨架；另一方面，俄罗斯也被认为对现行国际秩序的稳定性带来了冲击。

在冷战之后的大部分时间里，俄美矛盾都占据着突出地位，它是后冷战时期大国冲突的主线。自1993年开始，俄美冲突一波接一波，绵延不断，屡屡挑战规则，使国际秩序风雨飘摇，处于不断地被冲击中，其中也包括自由主义国际秩序。客观地

---

① 西方学术界也有中国不是自由主义国际秩序衰落原因的看法。Robert Farley, “China’s Rise and the Future of Liberal International Order: Asking the Right Questions”, The Diplomat, February 23, 2018, https://thediplomat.com/2018/02/chinas-rise-and-the-future-of-liberal-international-order-asking-the-right-questions/.

看，俄美冲突的挑起方是美国，俄罗斯是应对和反击方。诸如北约东扩、车臣问题、科索沃战争、反导条约、伊拉克战争、俄欧能源关系、中导条约问题、俄罗斯国内政治等问题，都是美国发动在先，俄罗斯回应在后。这也是冷战后俄美关系的基本态势，即美国处于对俄罗斯的战略攻势，俄罗斯处于战略守势。

在俄美关系的所有问题中，对国际秩序冲击最强烈的是2008年的俄格战争和2013年开始的乌克兰危机。这两次事件的形式和结果都超出了国际秩序的底线，打破了国际秩序的规则。俄美抛弃对已经所剩无几的“秩序”的表面遵守，走到直接军事冲突的边缘，国际秩序因此摇摇欲坠。俄罗斯瓦尔代国际辩论俱乐部的年会主题清楚地反映了这一点。在乌克兰危机发生后的2014年，国际秩序成为瓦尔代年会的主题，当年的题目是：“世界秩序：新规则还是无规则？”其中的潜台词不言而喻：国际秩序已经瓦解，世界正进入无规则状态。在这一状态的形成中，俄罗斯也有某种程度的参与，虽然可能是被动参与。

但自由主义国际秩序衰落的根本原因还是在自身。一方面，是西方内部自身的发展出现问题，西方世界整体性相对衰落；[①]另一方面，是西方将自由主义思想推向极端以致“异化”，美国的单边主义一步步升级，它在国际政治的实践中遭受重大失败，国际社会对它的“普世价值”认同降低，它的价值贬值，并为众多非西方国家所抛弃。

自由主义国际秩序虽是西方思想的反映，并以服务西方为出发点，但在一定的时空和条件下，它不是没有现实合理性，

① 郑永年教授认为自由主义国际秩序是西方内部秩序的外部延伸，今天自由主义国际秩序面临的挑战是由于西方内部秩序出了问题，影响到外部秩序。郑永年：《如何理解西方的新一轮反华浪潮》，《联合早报》2020年2月11日。

并且在全世界范围受到过相当程度的欢迎。苏联解体和冷战结束后，自由主义的声望达到高峰。冷战结束在西方被视为自由主义的胜利，同时也是自由主义国际秩序的胜利。美国和西方陷入了历史狂欢。在这种背景下，“历史终结论”应运而生，“泛自由主义”思潮兴起，认为自由主义是社会理想的顶峰，是人类历史发展的终点，所有国家都应走这条道路，除了自由主义实现人类理想再无他途。

一般说，社会理论都有合理性边界，并需有相适应的时空环境，这样它才会正常地开花结果。如果越出合理性边界将其绝对化，则不免走向极端，它的合理性会失真和变形，蜕变为某种意识形态“原教旨主义”，即使是正确的思想理论也会发生异化，并最终走向它的反面。

自由主义在西方也在一定程度上产生了这种现象。自由主义是一种有着长久历史的思想和价值体系，在不同的时代和不同的领域有不同的表现形式。像任何社会理论一样，它需要有相适宜的时空和社会环境才能产生理想的结果。但冷战结束激起的热情使自由主义在西方走向极端。一些人认为，自由主义不仅是唯一正确的思想和价值，而且也是人类社会唯一应走的道路。这使自由主义隐含了对真理的垄断性和道德的至高性。这对国际政治产生了重大影响，最主要的表现是自由主义被视为最高价值，成为西方国家的政治正确。同时，自由主义的社会制度是“普世”楷模，西方应将这一理想制度加之于各国。这为西方国家超越现行的国际法和国际制度提供了合法性的理论依据。

不能不看到的是，虽然自由主义国际秩序从诞生起就首先是服务于西方的需要，但在自由主义国际秩序形成后，它也对美国和西方形成一定的规则和机制制约。而且，第二次世界大战后西方的自由主义国际秩序的形成也是在具有一定约束性的环境之中，即苏联和世界社会主义体系的存在和竞争。

冷战结束后，由于美国唯我独尊，自由主义国际秩序对美国出现了两种相反的意义：一方面，它成为美国建立单极霸权和推行单边政策的便利工具；另一方面，在某些情况下，特别是在它与美国的现实利益发生矛盾时，对美国外交也是一种羁绊。如俄罗斯外长拉夫罗夫所说，中国在现行国际秩序中发展起来，而美国则被自己制定的规则打败。① 在某种情况下，一些规则不再对美国有利。

苏联解体后，美国失去了最大的战略制衡，成为唯一的超级大国，综合国力遥遥领先，世界地位至高无上，出现了百年不遇的建立单极霸权的形势，美国的战略冲动也油然而生。在这个过程中，美国对自由主义国际秩序的滥用越来越严重，它跨越国际法的基本准则，超越国际主权、不干涉内政等处理国家关系的基本概念，赋予新干涉主义政治和道德的正当性，成为新干涉主义的理论支撑。

在自由主义国际秩序对美国形成制约的方面，美国采取了完全相反的做法，置自由主义国际秩序的规则和精神于不顾，不惜毁掉自由主义国际秩序的框架。这表现在美国对构成自由主义国际秩序规则和机制的无视和破坏，蔑视联合国的权威，包括不经联合国安理会对主权国家发动战争，在国际事务中我行我素。在某种意义上，这是美国对自由主义国际秩序的抛弃，这也与自由主义的精神相悖。美国把西方政治制度强加于他国的做法，鼓励和支持通过“颜色革命”进行非正常的国家政权更迭，这对他国来说既不自由也不民主。作为自由主义国际秩序的主导国，美国的行为极大地降低了自由主义国际秩序的可

---

① Ответы на вопросы Министра иностранных дел Российской Федерации С. В. Лаврова в программе “Большая игра” на “Первом канале”, https://www.mid.ru/ru/foreign_policy/news/-/asset_publisher/cKNonkJE02Bw/content/id/3968263.

信度和可靠性，这对自由主义国际秩序的打击更为致命。如果说许多国家的抵制对自由主义国际秩序只构成一种压力和挑战，那美国的抛弃则是釜底抽薪。

对自由主义在国际关系中的滥用可以说是国际政治中的泛自由主义。泛自由主义为自己制造了强大的对立面，成为推动许多国家国际合作的重要媒介。对他国主权的侵犯、对他国内政的干涉，推动“颜色革命”，支持不合法的政权更迭，直至不经联合国同意对他国使用武力和发动战争，这不能不受到对象国的激烈反对，而且也不被中、俄、印等持不同政治理念的大国所接受。

事实上，新干涉主义的对象国往往都是弱国和小国，而西方也不是真正抛弃了国家主权的思想。在 2016 年美国大选中，俄罗斯干预问题演变成美国国内重大政治事件，大大加剧了美俄关系的恶化。这说明，在涉及本国时，国家主权不可侵犯和国家内政不可干预不仅仍是美国的信条，而且美国的反应甚至比一般国家更为强烈。由此，泛自由主义实质上更多是一种变相的霸权，是国际关系中的一种双重标准，而不是纯粹出于对民主理想的忠诚。

泛自由主义对自由主义国际秩序造成的损害不仅遭到许多国家的抵制和反对，最根本问题在于导致的消极乃至灾难性后果。在以民主之名发生“颜色革命”和非正常政权更迭的中东和苏联国家，不仅没有出现真正的民主政治和经济繁荣，相反，多数国家出现政治、经济和社会危机，甚至陷于混乱和战火之中，民众遭受困苦，国计民生大倒退。这种结果反证了泛自由主义的错误性和危害，使自由主义国际秩序的光环失色，吸引力下降，它的道德性被蒙上了阴影。加之西方国家自身也遇到严重的国内问题，这对自由主义思想和自由主义国际秩序的威望是雪上加霜。也正是在这个背景之下，俄罗斯总统普京公开宣称自由主义已经过时。[①]

②中、俄、美的角色

一个有意思的现象是，在谁是国际秩序维护者和破坏者的问题上，中、俄、美的看法相互矛盾。美国把中国和俄罗斯定位于国际秩序的“修正主义国家”，指责中俄从内部削弱和破坏第二次世界大战之后形成的国际秩序，腐蚀它的原则和规则。[②]而中国和俄罗斯的看法恰恰相反，它们认为破坏第二次世界大战后国际秩序的是美国，而自己是现行国际秩序的维护者。这一矛盾的原因不难解释，那就是它们所理解的是不同的国际秩序，或者说它们侧重的是现行国际秩序的不同部分。

美国所说的自然是指自由主义国际秩序。它认定中俄是破坏者有几重含义，而最实质的问题是指中俄挑战美国在国际秩序上的主导地位，在新国际秩序的构建中与美国分庭抗礼，推行不同于自由主义国际秩序的价值体系和原则规范。[③]

而中俄所理解的国际秩序首先是以联合国为核心的国际体系和以国际法为基础的国家关系准则。从这一角度说，美国从战后国际机制的主要参与者和主导者转为主要不满者和破坏者，而中俄从相对次要乃至被动的参与者转为主要的维护

① Интервью газете The Financial Times. В преддверии саммита “Группы двадцати” Владимир Путин ответил на вопросы представителей газеты The Financial Times: редактора Лайонела Барбера и главы московского бюро Генри Фоя. 27 июня 2019 года, http://www.kremlin.ru/events/president/news/60836.

② Summary of the 2018 National Defense Strategy of the United States of America, p. 2, https://dod.defense.gov/Portals/1/Documents/pubs/2018-National-Defense-Strategy-Summary.pdf.

③ *The National Security Strategy of the United States of America*, December 2017, p. 45, https://www.whitehouse.gov/wp-content/uploads/2017/12/NSS-Final-12-18-2017-0905.pdf.

者。这特别反映在是维护还是抛弃战后形成的主要国际机制和制度上，包括联合国的核心地位、多边贸易体制、军备控制制度等。

但不管是从美国还是从中俄的角度，在国际秩序问题上都出现了一道政治鸿沟，这道鸿沟把中、俄、美一分为二，它的一边是美国，另一边是中国和俄罗斯，虽然中俄也都保持着各自的独立性。

中俄与美国在国际秩序建设上的分歧表现在多个方面。

应建立一个多极化还是单极化的世界是中俄与美国最基本的分歧之一。中俄都主张多极化和多边主义，这是中俄国际合作最重要的共同立场。正是这个问题确定了中俄与美国的方向性分野。中俄都不愿看到形成美国一个国家的霸权，都不接受世界的单极结构，都反对国际事务中的单边主义。

在国际秩序的制度构想中，中俄都主张继续把联合国作为基本框架，都坚持联合国在国际事务中的中心地位，都要求维护联合国在国际事务中的权威性。既是因为中俄都是联合国安理会常任理事国，这赋予它们重要的国际政治地位和权利，对捍卫本国的国家利益有重要作用；也是因为联合国仍是当今世界最重要的国际机制，有着最广泛的代表性，是多边主义最重要的制度体现，在全球治理中发挥着重要作用，没有任何其他机制可以代替。中俄都认为联合国存在许多问题，需要改革，但如果联合国解体，第二次世界大战之后所形成的国际秩序将彻底不复存在，世界将陷入完全的“无政府”状态。在此之后，要重建一个包括世界绝大多数国家且得到它们认同的政治组织将难上加难。

国家关系准则是中俄与美国的又一个分歧焦点。中俄都坚持把主权置于最高地位，认为主权应是国际关系不可动摇的基石，[①] 不干涉内政是国际关系中不可替代的规则。互不干涉内政为联合国文件所确认，[②] 符合联合国宪章精神和国际法，它仍应是国际行为合法性的来源。互不干涉内政所针对的是新干涉主义。中俄认为新干涉主义为国际和地区的混乱和动荡打开了方便之门，不仅中俄都是新干涉主义的受害者，国际和地区稳定也深受其害。

中俄与美国在国际安全秩序建设上也持对立立场。中俄主张建设共同安全体系，维护国际战略稳定，反对美国谋求单方面绝对军事优势。中俄都要求维护多年来所形成的防扩散和军控国际制度，而美国继在退出《苏美关于限制反弹道导弹系统条约》后，又在2019年退出了《苏美关于消除中程和中短程导弹条约》（简称《中导条约》），对《第三阶段削减战略武器条约》在2021年到期后的政策语焉不详。按照俄罗斯外长拉夫罗夫的说法，国际战略稳定的三个支柱条约已经坍塌了两个，剩下的一个也摇摇欲坠，[③] 不出意外的话最终也将垮掉。[④] 中俄主

---

① 中俄相关的表述可见：《王毅国务委员兼外长在外交部2020年新年招待会上的致辞》，https：//www. fmprc. gov. cn/web/wjbzhd/t1734329. shtml；Владимир Путин выступил на итоговой пленарной сессии XIV ежегодного заседания Международного дискуссионного клуба "Валдай" под названием "Мир будущего：через столкновение к гармонии"，http：//www. kremlin. ru/events/president/news/55882.

② Выступление и ответы на вопросы Министра иностранных дел Российской Федерации С. В. Лаврова на "Правительственном часе" в Совете Федерации Федерального Собрания Росси йской Федерации，https：//www. mid. ru/ru/press_ service/minister_ speeches/-/asset_ publisher/7OvQR5KJWVm R/content/id/3977671.

③ Выступление и. о. Министра иностранных дел Российской Федерации С. В. Лаврова на общем собрании членов Российского совета по международным делам，https：//www. mid. ru/ru/foreign_ policy/news/-/asset_ publisher/cKNonkJE02Bw/content/id/4003236.

④ 鉴于美国对俄罗斯一再提出就延长第三阶段削减战略武器条约的建议置之不理，俄罗斯外交部2020年2月宣布谈判的机会窗口已经关闭。В МИДе заявили об исчерпании возможностей РФ и США для продолжения СНВ，10 февраля 2020，https：//iz. ru/974312/2020-02-10/v-mid-zaiavili-ob-ischerpanii-vozmozhnostei-rf-i-ssha-dlia-prodolzheniia-snv.

张防止外空军备竞赛，并就防止在外空放置武器、对外空物体使用或威胁使用武力问题缔结国际协议，但美国加以阻挠。中俄还准备协作进行战略新疆域安全治理，以联合国为平台，研究人工智能等新科技对国际安全可能造成的影响，形成相应的国际规范。

中俄在国际秩序建设的经济层面也有原则性共识。它们的共同点是提高新兴经济体在国际机构中的地位，反对单边制裁政策，反对保护主义，反对贸易战，坚持自由贸易制度等。除了双边形式和在联合国等多边国际平台上的协作外，中俄在国际秩序建设上还有重要的共同平台，主要是上海合作组织、金砖国家机制、“一带一盟”对接以及中、俄、印三边框架等。

但是，中美和俄美关系对国际秩序的影响又有所差别。美俄是世界上两个最强大的军事大国，尤其是在战略和核武器的指标上，它们在国际战略安全、战略武器控制等方面是传统的规则和秩序的制定者，俄美关系的这一作用未来仍将基本保持，它们仍将是国际军事战略安全秩序的关键角色，它们建立的机制和确定的规范具有基础性意义。随着中国军事能力的快速上升，未来中国在战略安全秩序上的影响会越来越大。而中美作为世界第一和第二大经济体，中美关系对国际经济秩序的作用更突出。两国国民生产总值占世界的约40%。如果它们不能在国际经济秩序上达成妥协，形成共同接受的安排，也就不会有稳定和制度化的国际经济秩序。

在基本理念和立场相同或接近的情况下，中俄在国际秩序建设上也存在差别，在一些具体理论和实践问题上两国不完全一样，并且有不同的风格和特点。总的来看，在理论上俄罗斯更为清晰和透彻，棱角突出，对美国和西方的国际秩序观批判更彻底，是非对错鲜明，重逻辑和法理，但也有二元思维特征。

中国在理论上相对模糊，表达含蓄，迂回曲折，不是黑白分明，有中庸思维特征。

在实践上，俄罗斯相对激进，更具革命性，在做法上信奉俄罗斯谚语所说的“和狼在一起，就要像狼嚎”，不墨守成规和作茧自缚，对方践踏规则，俄罗斯就也可以不受规则约束。俄罗斯谴责美国和北约轰炸南斯拉夫、入侵伊拉克、出兵利比亚的主要论据是它们都违背了国际法①。这包含着西方已失去指责俄罗斯的道义和法律权利的逻辑，也为俄罗斯的自我辩护提供了一个逻辑起点。在为合并克里米亚辩护时，俄罗斯以西方制造科索沃独立、乌克兰国家政变和克里米亚民意为援例，实际上也暗合这个逻辑②。中国相对保守，走渐进改良路线，在做法上更善于以柔克刚，注重长期效果，不争一时之短长，即使美国抛弃规则，中国仍循着“己所不欲，勿施于人”的思想，愿恪守正确的理念和规则。不过，随着国内外形势的变化，中国的外交风格也在变化，开始更强调针锋相对和正面斗争。

在国际秩序建设的途径上，相对来说，中国更注重新要素的创造和植入，包括新的概念、理念、框架和机制等，如新安全观、新型国际关系、新型大国关系、人类命运共同体、“一带一路”倡议和亚洲基础设施投资银行等。换句话说，中国更多是从国际秩序建设的“供给侧”入手。俄罗斯对西方及其所主张的国际秩序有强大批判力，在阻止西方的某些意图时能力有

① Заседание Международного дискуссионного клуба “Валдай”, http://www.kremlin.ru/events/president/news/53151.

② Владимир Путин выступил в Кремле перед депутатами Государственной Думы, членами Совета Федерации, руководителями регионов России и представителями гражданского общества, http://www.kremlin.ru/news/20603.

余，但提供新元素的能力相对较弱，在提供替代公共产品上有所不足。这不是因为俄罗斯缺乏想象力，没有自己的思想和构想，而主要是由于俄罗斯国力不足，缺乏足够的推进国际秩序构建的资源和号召力。

就中国国际秩序观的本源来说，它更多是出于中国传统文化的大同理念和对未来国际关系的美好期许，因而带有一定的理想主义色彩，如新型国际关系和人类命运共同体，而俄罗斯的国际秩序观更多是在与美国持续不断的冲突中产生，因而含有较多实用主义的成分。但俄罗斯学术界的看法恰恰相反。它认为中国外交重实用，轻价值，而俄罗斯外交受较强的道德和正义感驱使。① 从根本上说，两国外交都以现实主义为底色，但它们有不同特点是公认的事实。

在俄罗斯学术精英界，一种对俄罗斯传统外交思想具有颠覆性的认识和思潮正在出现。这突出地反映在瓦尔代俱乐部为2019年会议所发布的报告中。在这篇名为《成熟起来，或是迎接无秩序：世界秩序的缺失如何促进国家的负责任行为》的报告中，提出了一系列超越俄罗斯传统外交概念的观点。它的核心思想是第二次世界大战后形成的国际秩序已经无可挽回地崩溃，重建国际秩序的努力徒劳无益，世界将进入没有国际秩序的无政府状态；但国际秩序的缺失并不是灾难，无政府是国际关系更自然的状态，它比现今建立在霸权基础之上的国际秩序更民主，这将为人类社会发展提供更大的可能性；未来独立国家共同的民主将代替原来的国际秩序，它将为国际政治制定规则，在这种情况下，国家领导人的道德、正义和责任感将至关重要；国家不能再期待“秩序”的庇护，而需要各自为政，各

① Тимофей Бордачёв, Без идеологии и порядка, https://globalaffairs.ru/number/Bez-ideologii-i-poryadka-20281, Статья была опубликована в журнале“Россия в глобальной политике”, №5, 2009 год.

自为生存而斗争，等等①。

尽管俄罗斯官方尚未接纳这一理论，但鉴于瓦尔代俱乐部与官方的密切关系，鉴于报告作者包括多位接近官方的有影响的学者，不能不认为这一理论反映着俄罗斯精英界对当今世界的一种情绪。这种情绪包含了俄罗斯的孤独感、对当今世界的失望、对西方不接纳和压制俄罗斯的怨怒、对改变这个世界的无奈以及由此产生的独自上路的悲愤和孤傲。这种情绪的出现不是偶然和孤立的。被认为是俄罗斯政坛重要思想家的苏尔科夫在2018年发表了一篇引起广泛反响的文章，在这篇名为《混血儿的孤独》的文章中，作者说俄罗斯的文化和地缘政治属性就像一个混血儿，它对自己的身份迷惑茫然。到处都把它当亲戚，但却不把它当亲人；在外人中它是自己人，在自己人中它又是外人；它懂得所有人，但却不被所有人理解。② 其强烈的孤独感油然而生。另一位俄罗斯著名学者卢基扬诺夫断定，原有形式的全球化已经完结，世界正在向国家自私的方向发展，曾几何时的“共同利益”已经让位。③ 对世界的失望和悲观可见一斑。俄罗斯官方坚持国际秩序建设，坚持维护联合国的地位，这符合俄罗斯的利益和需要，但在内心里俄罗斯深信国际秩序已经失序，联合国软弱无力，原有的治理体系已经失效，没有可靠的国际安全体系，因此在实践上俄罗斯是向确保自助自保

① Oleg Barabanov, Timofei Bordachev, Yaroslav Lissovolik, Fyodor Lukyanov, Andrey Sushentsov, Ivan Timofeev, “Time to Grow Up, or the Case for Anarchy. The absence of world order as a way to promote responsible behaviour by states”, *Valdai Discussion Club Report*, September, 2019.

② Владислав Сурков, Одиночество полукровки, http: //www. globalaffairs. ru/number/-19490.

③ Федор Лукьянов, Только вперед, https: //globalaffairs. ru/redcol/Tolko-vpered-20318.

和自成一体发展。[①] 2020年俄罗斯宪法修改，根据普京总统提议确立了国内法高于国际法，虽然这不意味着俄罗斯将脱离国际法体系，也不是俄罗斯宪法思想的根本改变，但做出这一修正的含义十分清楚，那就是从立法上强化俄罗斯在国际政治中的独立自主，增加俄罗斯外交的行动自由。国内法高于国际法意味着当两者冲突时以国内法为优先，意味着俄罗斯可以不接受西方法律机构的裁决，不受未接受的国际条约限制和约束，可依据国内法所赋予的合法性对美国和西方的行为做出反应。[②]

在国际安全的重要领域——战略武器控制问题上，中俄没有直接矛盾，但有不同想法。美国试图把中国拉入美俄战略武器控制谈判，中国予以拒绝，理由是中国战略武器数量远少于美俄。俄罗斯对中国的立场表示理解，不对中国提出要求，同时表示如果美国要求中国参加战略武器谈判，那另外两个核国家英法也应参加。[③] 这不单单是为中国的辩护，也反映了俄罗斯希望看到中国加入并形成五核大国协商机制的想法。这一想法在普京总统2020年《国情咨文》中已经清楚地表达出来。[④] 俄罗斯虽不强力推动中国参加军控谈判，但希望中、俄、美或中、俄、美、英、法多边形式出现，并认为它迟早有形成的可能。

① Владимир Путин принял участие в итоговой пленарной сессии XI заседания Международного дискуссионного клуба “Валдай” . Тема заседания- “Мировой порядок：новые правила или игра без правил?”, http：//www. kremlin. ru/news/46860.

② Полный примат, Эксперты оценили предложение президента зафиксировать в Конституции приоритет российского права над международным, https：//www. kommersant. ru/doc/4220873.

③ Глава государства ответил на вопросы российских журналистов по завершении саммита БРИКС в Бразилиа, http：//www. kremlin. ru/events/president/news/62047.

④ Послание Президента Федеральному Собранию, http：//www. kremlin. ru/events/president/news/ 62582.

俄罗斯愿接受美国的说法，即这一机制主要是谈规则和透明度，不是谈削减和限制战略武器，因此战略武器数量少不再是不参加的理由。在中国的军费已是俄罗斯的两倍之多、军事实力迅猛提高的情况下，俄罗斯希望中国也被纳入战略武器控制进程的想法是自然的。拉夫罗夫外长认为俾斯麦的名言仍然有现实意义，即“在军事问题上决定性的因素不是意愿，而是潜力”①。这虽是针对美国说的，但也是普适的思维。如果美俄成功促压英法同意加入战略武器谈判，则将形成中国面对美俄英法的局面，这对中国来说也将形成很大的倒逼压力。此外，中俄在其他一些具体问题上也存在一些不同看法。如在联合国安理会的改革上，中俄的指导思想相同，都主张增加发展中国家的代表性，但俄罗斯率先明确表态支持印度（以及巴西）入常，② 而中国在这一问题上持谨慎立场，这给中国带来一定压力。虽然俄罗斯的做法是从俄印关系的考虑出发，并不是与中国存在矛盾，但在问题进入实质性操作阶段时，中俄之间会出现政策上的不协调，也有因此引起不和谐的可能。

③中、俄、美与未来国际秩序的形成

从历史上看，崭新国际秩序的出现通常是世界形势巨变的产物，尤其可能是战后安排的结果，胜利者凭借支配性地位确立起新的国际秩序，如第一次世界大战和第二次世界大战之后发生的情况。在和平时期，新的国际秩序的形成通常是通过缓慢的积累和改造，不可能平地推倒重建，也不可能一蹴而就。

---

① Ответы на вопросы Министра иностранных дел Российской Федерации С. В. Лаврова в программе “Большая игра” на “Первом канале”.

② Выступление и ответы на вопросы Министра иностранных дел Российской Федерации С. В. Лаврова на пленарной сессии Международной конференции “Диалог Райсина”, Нью-Дели, https://www.mid.ru/ru/foreign_policy/news/-/asset_publisher/cKNonkJE02Bw/content/id/3994885.

这也是现实情况。不能期望出现重起炉灶的国际秩序，未来的国际秩序只能是在现基础之上的发展，也难以期望在短时期里形成新的国际秩序，这将是一个长期和曲折的过程。从总体上看，现在世界还处于国际秩序的解构阶段，旧秩序正在或已经瓦解，新秩序尚未形成，这个阶段还将长时间持续。

有悲观的看法认为国际秩序将不复出现。不管从理论还是现实上说都存在着这种可能。国际秩序与国际体系不同，它是创造的产物而不是自然的存在，国际社会不必然有国际秩序，在一定时期它也可能处于无序状态，而无序状态不是国际秩序的形式。

更多人相信国际秩序仍会存在。国际社会发展至今，不会再让自己生活在蛮荒的“丛林”中，也不可能不试图建立国际秩序，共同的理念、规则、制度仍将是国际社会的长期需求和追求。

但对未来国际秩序将是什么样的，却存在着极大的不确定性。这种不确定性源于多种因素，中、俄、美关系是其中最主要的因素之一。世界被认为正在进入新的大国竞争时代，而中、俄、美是这场新大国竞争的主角。① 三国关系在很大程度上决定着未来国际秩序的走向。联合国、世界贸易组织和国际货币基金组织等第二次世界大战之后形成的国际秩序的基本框架还会继续存在，但它们的有效性同样在很大程度上取决于中、俄、美关系。在一定意义上，三国关系的形态和性质也就是未来国际秩序的形态和性质。

现实是，无论中国、俄罗斯还是美国，也无论是以它们为中心的哪个国家集体，都不可能单独建立起新的国际秩序。美国和西方既已无法维持对国际秩序的主导，也难以挽回自由主

---

① “The Great Puzzle：Who Will Pick Up the Pieces?”，Munich Security Report 2019，p. 6.

义国际秩序的衰落；新兴国家的国际权力在上升，但同样不能一统天下，未来的国际秩序只能是国际权力的传统强国与新兴国家之间博弈的产物，当然也还有其他大量国际角色的参与和影响。

可以断定，在中、俄、美关系业已形成的竞争性结构下，不可能出现一元化的国际秩序，这种前景可以完全排除。事实上，世界也不曾有全面覆盖的国际秩序，从来不存在被全世界普遍接受的规则、规范和制度。① 在大一统的国际秩序不会出现的条件下，未来国际秩序的结构在横向上将呈现出更强的板块化，由多个板块共同组成；在纵向上它将更有层次化，由国际、地区、次地区层次共同组成。

如果这不是统一的国际秩序，那它将是什么形态？最可能的前景有三种，即碎片化、多元型和体系对立型。当然，这是就最突出的特征而言，也是就使三者分离的主要标志而言，但不意味着三者完全没有重复的成分和因素。

碎片化国际秩序。碎片化是当前国际秩序的重要特点，也将是未来一段时期国际秩序的特点，甚或未来国际秩序就是碎片化的。瓦尔代 2019 年度报告实际上已经认同国际秩序的碎片化，2019 年慕尼黑安全报告的题目即是《大拼图：谁来重整碎片?》。② 西方还有 G0 也就是零集团的观点，意指世界上没有任何国家有能力和意愿管理国际日程，国际结构“归零”，③ 也等于是碎片化。但从根本上说，碎片化是国际秩序的破碎，没有内在关联的碎片化已不是真正意义上的国际秩序，而更接近于

① 基辛格的看法，转引自北京大学国际战略研究院《国际战略研究简报》2019 年第 88 期。

② “The Great Puzzle：Who Will Pick Up the Pieces?”，Munich Security Report 2019.

③ ［美］伊恩·布雷默：《“G0 时代”孕育地缘政治剧变》，https：//news. sina. com. cn/o/2019-01-11/doc-ihqhqcis5199478. shtml.

无秩序。碎片化是大国无法达成妥协，又不能形成相对集中的多边结构的结果。它不是中、俄、美的追求，不论中国、俄罗斯还是美国都不把碎片化作为国际秩序构建的目标。新国际秩序建设也正是要从这种碎片化状态走向某种有序状态。

多元型国际秩序。这是一种多元成分有序共存的国际秩序。这种看法在学术界得到较多的认同，特别是在中国学术界，虽然对它的叫法可能不一样。① 应该指出的是，许多学者在使用国际秩序和国际体系概念时没有一条严格的界线。这是可以理解的，尽管在理论上可以对国际体系和国际秩序做出清晰的区别，但在实践中难以完全分割，它们来自同一个国际政治本体，本身存在着某种交织，过于拘泥于细致的划分没有很大的实践意义。中国官方在使用这两个概念时并不刻意区分，经常是并列或互替。② 也有欧洲学者把国际秩序、国际体系和国际社会进行理论上的整合，这也是为了能更方便于对国际政治进行解释。③

多元型的国际秩序也是中俄的官方主张，多极化即这种思想的体现。两国的设想都是形成一个包容性的国际体系和国际秩序，使不同成分融为一个共生共存和平相处的整体，既有共同规则又保留差别。

中国的构想集中体现在人类命运共同体的概念上。人类命运共同体是一种理想，在这个杂乱纷争的世界里，构建人类命运共同体是极其艰难的任务，但在价值观上这是人类社会发展

---

① 唐世平教授将其称为复合型国际秩序，国际秩序将不是质变，只是量变。秦亚青教授把它叫作新多边制度秩序，美国霸权的主导减弱，多边协商的成分趋强，多元价值会得到较为充分的反映。参见秦亚青《世界秩序刍议》，《世界经济与政治》2017 年第 6 期。

② 如王毅部长即把国际体系与国际秩序并列。见《王毅国务委员兼外长在外交部 2020 年新年招待会上的致辞》，https：//www. fmprc. gov. cn/web/wjbzhd/t1734329. shtml.

③ Trine Flockhar, "The Coming Multi-Order World", *Contemporary Security Policy*, Vol. 37, No. 1, 2016, pp. 3 -30.

的正确方向。从另一个角度看，作为抽象概念它也是相对现实的，因为它超越了社会主义和资本主义的对立，超越了东方和西方的差异，超越了国家、民族、宗教的纷争，因而它具有更大的被共同接受的基础。

俄罗斯没有提出类似的宏观抽象概念，但它的想法与中国接近。普京提出应建立一种有弹性的体系，各种价值观、思想、传统能够共同存在，相互协作相互丰富，同时保留各自的特性和差别。①

中俄的这种想法是自然的。对中国和俄罗斯来说，国际秩序变化的意义在于提高新兴国家的国际地位，增加它们的国际政治和经济权力，使它们的国家理念和生活方式得到认可。从根本上说，它们是追求与西方的平等地位，与西方和睦相处，而不是排斥和取代西方。

还应看到，尽管有自由主义国际秩序已不复存在的断言，②也有对“西方的缺失”的沉重叹息，③ 但西方还将继续存在，自由主义国际秩序在当今历史阶段也不会真正消亡，消亡的更可能是它在国际秩序中的统治地位，以及西方在国际秩序中的主导身份。西方不会完全放弃自由主义国际秩序，自由主义是西方价值观的核心，自由主义国际秩序是西方价值观的国际体现，在未来一定时期，自由主义国际秩序仍将是西方的模式，也看不到西方有其他替代性构想。而西方也仍将是国际政治最主要的角色之一，西方的衰落不是西方的边缘化，更不是从世

---

① Владимир Путин выступил на итоговой пленарной сессии XVI заседания Международного дискуссионного клуба “Валдай”, http：//www. kremlin. ru/events/president/news/61719.

② 德国外长海科·马斯认为西方熟悉的世界秩序已不复存在。Heiko Maas, “Courage to Stand Up for Europe”, Speech at Europe Unit, https：//www. auswaertiges-amt. de/en/newsroom/news/maas-europeunited/2106528.

③ 2020 年慕尼黑安全报告的主题是“西方的缺失”。

界舞台出局，国际权力转移不意味着西方失去全部权力，而只是它的能力和影响的缩小，并不得不与其他国家特别是新兴国家分享它曾独占的地位。

包容性的国际秩序在理论上容易构建，但在实践上极为困难。这首先是因为国际权力的转移不会是友好的过程。十分自然，对于国际权力的转移，新兴力量国家张开双臂欢迎，但传统力量国家不会情愿相让。这本身就是一个冲突性的矛盾，它最突出地通过中、俄、美关系表现出来。以多极化和单极化为例，它的焦点是在中俄与美国之间，而不是在中俄与整体的西方之间。事实上，在当今的国际政治中，多极化的主要障碍是美国，而欧洲、日本这些西方成员不是多极化的主要阻力，它们相对较易接受多极化，而且可能是多极化的参与者和同盟军。① 而所谓单极化，在西方内部涣散特别是美欧分离趋深的情况下，它越来越成为美国的单极化，而不是西方的单极化。在一般意义上，单极化的所指是美国，而不是指整体的西方。

不同理念和规则制度和平共存于同一秩序，其前提是相互承认存在的合理性，并建立起某种共存的结构性关系。从严格意义上讲，秩序应是共同认可和遵守的，否则难成秩序。这里的认可不是指认同对方的观点，而是认可对方存在的权利；遵守也不是指遵守对方的规则，而是遵守共同的商定。

在这一问题上，矛盾焦点也在于中、俄、美关系。中、俄、美是不同国际秩序主张的主要代表者，它们的主张能否相容是最大的问题。困难在于，中俄和美国许多思想理念和政策主张上具有对立性甚至是相互排斥性，如多边主义和单边主义、不干涉内政和新干涉主义。俄罗斯不接受美国和西方提出的“以

---

① 即使在俄欧关系处于冷淡和紧张的状态下，俄罗斯也是把欧盟作为多极化的一极。С. В. Лавров，Россия-ЕС：тридцать лет отношений，https：//www. mid. ru/ru/foreign_ policy/news/-/asset_ publisher/cKNonkJE02Bw/content/id/3960550.

规则为基础的秩序”理念，认为它的实质是以本国的标准替代公认的国际法规则，由西方制定规则并把它强加于国际社会。①显然，中俄与美国的思想和主张和平共存十分困难，如果它们最终能够相容，也只有通过艰难的博弈并达成某种妥协和共识。

许多学者试图解决这一难题。借鉴19世纪的“欧洲协调”是方案之一。这种观点认为，“欧洲协调”是迄今为止维护国际秩序最成功的事例，它为如何在多极世界中共同管理安全事务提供了一个范式。②“欧洲协调”形成于战胜拿破仑之后的1815年的维也纳会议，在此之后直到第一次世界大战的100年里，欧洲发生战争的频率和烈度较前两个世纪明显降低。“欧洲协调”成功的原因被认为是把战败国法国也容纳进世界秩序，这与第一次世界大战后战胜国对德国和冷战后美国对俄罗斯的政策大不相同；更重要的是，“欧洲协调”强调以合作理念取代均势思想，各大国逐渐习惯在发生利益冲突时寻求通过协商和谈判解决。③

如果说“欧洲协调”在今天能有所启示的话，那就是可以形成某种广义上的“大国协调”机制，以协商方式处理大国关系和解决国际争端。“大国协调”形式简单灵活，它是非排他性和非意识形态化的，它的效率也会比综合性的国际机制更高。“大国协调”的参与者不限于传统意义上的大国，也可包括其他重要的国际行为体。在一定意义上，20国集团和俄罗斯倡议的

① Выступление и ответы на вопросы Министра иностранных дел Российской Федерации С. В. Лаврова на “Правительственном часе” в Совете Федерации Федерального Собрания Российской Федерации.

② Richard Haass, “How a World Order Ends: And What Comes in Its Wake”, *Foreign Affairs*, Vol. 98, Iss. 1, 2019, p. 22.

③ ［英］理查德·埃文斯：《竞逐权力：1815—1914》，胡利平译，中信出版集团2018年版，第33页。

中、俄、美、英、法协商已经具有“大国协调”的某些特征。受到欧洲历史上汉萨同盟的启发，还有学者提出建立现代的“汉萨同盟”，以此为国际秩序建设开辟新路径。“汉萨联盟”是13—17世纪在欧洲存在过的城市商业联盟。建立现代“汉萨联盟”的含义就是在国家受制于意识形态和地缘政治束缚而不能自拔的情况下，绕开国家，以城市为单元发展国际合作，形成城市合作联合体。

这种观点认为，城市是现代社会的主体，城市面对着社会生活的大部分实际问题，城市是经济发展的主要发动机，是新技术的孵化器，是商品和服务的主要市场，是财政资源主要来源。城市的意识形态色彩弱，务实性强，它比国家之间更容易找到共同话语，因而更容易形成合作网络。城市联合体没有中心，没有等级，更为平等；它结构更稳定，机制更灵活；它以自愿代替了强制，以利益平衡代替了力量平衡，以目标导向代替了战略导向。城市联合体虽然不可能替代国家关系，但对构建未来国际秩序也是一种有价值的补充。①

多元型国际秩序符合现实世界的变化，是最理性和最现实的选择。但它不是自然和必然实现的，还存在着与之相反的另一种可能，即体系对立型国际秩序。这是以新的东西方体系对立为主轴的国际秩序，它不同于碎片化的国际秩序，它的构成不是杂乱无章的，而是有清晰的支撑结构；它也不同于多元型国际秩序，它的内部关系不是有序共处，而是二元对立。

体系对立型国际秩序是指以中俄和美国为代表的两大国际力量形成系统化和体系化的对立。新东西方体系是形象性比喻，

---

① Андрей Кортунов, Ганзейский союз как прообраз грядущего миропорядка, https://russiancouncil.ru/analytics-and-comments/analytics/ganzeyskiy-soyuz-kak-proobraz-gryadushchego-miroporyadka/.

不必在字义上做过多解读，不能把它与冷战时期的东西方体系等量齐观，它们在内容和性质上存在着重大差别，但在一定程度上，它确实有诸多类似冷战时期之处，特别是在政治特征上，这也是将其比喻为新东西方的原因。

与多元型国际秩序的情况相反，新东西方对立的推动者是美国，中俄是反对者。但尽管有中俄的反对，这个过程仍可能发展，而且中俄也会被动地被拖入这个过程。在现阶段，新东西方体系的轮廓已隐约浮现，并在继续发展。

在冷战结束不过20多年后，新冷战的氛围就开始重新充斥着大国关系。在今天俄美和中美关系中，关于新冷战的话题不绝于耳。虽然对中、俄、美是否已经进入新冷战判断不一，但问题本身已表明新冷战即使还不是现实，也已在大国关系的门口徘徊。冷战与东西方对立密不可分。同理，新冷战与新东西方对立也如影随形。当新东西方对立出现，新冷战必不可免。反过来说，一旦新冷战出现，说明新东西方对立已成现实。

美国已经把世界划为对立的两半。如同冷战时期一样，意识形态是它的标杆和先锋，只是它不再是社会主义和资本主义，而是所谓的自由主义和专制制度。

美国认为在世界上正在出现一场代表着不同思想的地缘政治竞争，它的一方是自由主义国际秩序思想，另一方是专制的国际秩序思想。① 自然，美国自认是自由主义世界秩序思想的代表，专制的世界秩序思想是中国和俄罗斯。由此，美国给出了新东西方的政治特征，那就是西方民主和东方集权的思想及制度。意识形态化重回国际政治，也重回美国国内政治，

---

① *The National Security Strategy of the United States of America*, December 2017, https://www.whitehouse.gov/wp-content/uploads/2017/12/NSS-Final-12-18-2017-0905.pdf.

其氛围之浓厚，以至于俄罗斯外长拉夫罗夫称其为“新麦卡锡主义”。①

需要特别指出的是，把中俄的主张界定为专制思想的国际秩序是一种政治武断。实际上，中俄所主张的国际秩序包含着自由民主、公平公正、社会发展、市场经济和多边合作，这些思想与自由主义的精神并不相悖。客观地看，它汲取了自由主义思想的精华，并且反映了自由主义国际秩序进步的一面。它不强制他国接受本国的意志，因此它在本质上没有专制的属性。就此而言，美国以自由主义国际秩序之名而将其意志强加于他国则更显专制性。

这种意识形态分类在价值观上给中俄和美国贴上了不同标签，使美国占据了道德高位，代表着进步，而中俄代表着落后。不过，意识形态是夺目的旗帜，在它的背后则是国际权力的竞争。意识形态与权力之争互为表里，也互为表现形式。中国学术界对中美之争的实质有不同理解，有制度之争说，有模式之争说，也有领导力之争说，但意识形态和权力之争的综合应是更全面的解释。中、俄、美都在推动着自己的区域计划，包括中国的“一带一路”倡议，俄罗斯的大欧亚伙伴关系，美国的印太战略。相对于美国的印太战略，中俄在战略追求和相互关系上接近，并且采取对接战略，② 在更宏观层次可视为一个大进程。由此，可认为三国所推进的是两大宏观进程。这两大进程是新东西方体系的机制载体。两大进程在政治关系上南辕北辙，

---

① Ответы на вопросы Министра иностранных дел Российской Федерации С. В. Лаврова в программе “Большая игра” на “Первом канале”.

② 普京认为欧亚经济联盟和“一带一路”在精神和要解决的任务上都相近。Владимир Путин выступил на итоговой пленарной сессии XVI заседания Международного дискуссионного клуба “Валдай”, http://www.kremlin.ru/events/president/news/61719.

印太战略把中国和俄罗斯作为对立面，美国对此直言不讳。而俄罗斯和中国也不接受美国的印太战略。①

在国际安全领域，美国把中俄并列为最大威胁，在军事上对两国进行战略压制，使美国与中俄在军事安全体系上的对立越来越明显。在欧洲方面，美国联合北约和东欧国家构建针对俄罗斯的半包围圈，战线推进到了波罗的海、里海和高加索一线。在亚太地区，美国通过盟友网络和印太战略对中国实施军事战略包围。与此同时，中俄安全关系则不断向战略纵深发展。仅以 2019 年来说，中俄发表了《关于加强当代全球战略稳定的联合声明》，协调了在国际战略稳定问题上的立场。2019 年 5 月中俄举行“海上联合—2019”联合军演；2019 年 7 月中俄战略轰炸机首次联合在东北亚地区战略巡航；2019 年 9 月中国参加俄罗斯“中部—2019”战略演习；2019 年 10 月普京总统透露俄罗斯将帮助中国建设导弹防御系统；2019 年 11 月中俄和南非在南非海域进行联合军演；2019 年 12 月中俄和伊朗在阿曼湾举行联合海上演习。显而易见，中俄在军事安全上的战略性接近在加速。

值得注意的是，2019 年 12 月北约伦敦联合声明第一次把中国称为挑战。② 在这前后，波罗的海三国也首次宣布中国为威

---

① 俄罗斯反对和不接受印太战略，认为这是美国在重构亚太地区现有框架，带有分裂这一地区和遏制他国的用意。Выступление и ответы на вопросы Министра иностранных дел Российской Федерации С. В. Лаврова на пленарной сессии Международной конференции “Диалог Райсина”，https://www.mid.ru/ru/foreign_policy/news/-/asset_publisher/cKNonkJE02Bw/content/id/3994885.

② 北约的表述对中国既是机会也是挑战。London Declaration，Issued by the Heads of State and Government participating in the meeting of the North Atlantic Council in London 3 – 4 December 2019，https://www.nato.int/cps/en/natohq/official_texts_171584.htm.

胁，有的甚至认为威胁程度超过俄罗斯。[①] 与俄罗斯一向不睦的波兰总理也呼吁俄罗斯与欧洲联合应对中国威胁。[②] 不排除以后还会有其他国家步其后尘。这些宣示并不一定表明它们真正感受到中国的威胁，但其中有一个重要意义，那就是北约和北约国家在安全上开始提出亚洲议题并向亚太移动，这为美国在安全体系上把亚太和欧洲连接起来提供了黏合剂。在亚太地区，美、日、印、澳四方机制受到很多关注，尽管它并未如许多人预测的那样成为东方的“小北约”，但印太战略与北约客观上是在形成战略呼应。

在经济、金融、能源、技术等领域，也存在着美国与中俄分割和分裂的过程。它主要表现在两个背道而驰的趋势上。一方面，美国与中国、俄罗斯在这些领域的联系在削弱。多年来，美国对俄罗斯实行制裁政策，这使俄美原本也不密切的经济联系更加薄弱，俄罗斯实际上从美国主导的世界经济圈中被逐出。对于中国，美国开始实施“脱钩”政策，降低两国经济关系的紧密度，拆散业已形成的产业链，经济关系不再是中美关系的“压舱石”。另一方面，中俄在这些领域的联系却在加深。中俄都希望深化两国的经济联系。在金融领域，中俄逐渐扩大本币结算，降低对美元的依赖。在国际金融结算系统上，中俄推动建立平行于 SWIFT 国际资金清算系统的独立支付系统，包括使用金砖国家的平台，以避免完全受制于美国。[③] 在能源领域，中

① 立陶宛、拉脱维亚和爱沙尼亚安全情报机构分别在 2019 年 2 月、2019 年 12 月、2020 年 2 月把中国列入威胁名单，它主要是指间谍等形式的威胁而不是直接的军事威胁。挪威也在 2019 年 2 月的文件中把中国作为威胁。

② Россия делает стратегическую ошибку, считая Европу врагом - Моравецкий, https://www.ukrin form.ru/rubric-world/2854199-rossia-delaet-strategiceskuu-osibku-scitaa-evropu-vragom-moraveckij.html.

③ Alexander Losev, “BRICS Pay-Single Payment System of the BRICS Countries”, May 3, 2019, http://valdaiclub.com/a/highlights/brics-pay-single-payment-system-of-the-brics/.

俄已经是战略伙伴，从俄罗斯到中国的石油和天然气管道都已建成，俄罗斯既是中国最大石油来源国，也可能将是最大天然气来源国。中俄在各个重要的科技领域进行联合研究和开发，包括航空航天、核能、信息通信技术、人工智能、大数据、新能源、新材料、生物技术、现代农业和环境保护等。

此外，在地区多边经济机制的构建中，中俄和美国之间的界限也越来越明显。中、俄、美都在推进自己的多边区域经济机制。美国在抛弃原有多边机制后，并不是真正退回到孤立主义，而是以新的标准进行重建。它的一个重要用意被认为是要把中俄阻挡在外。也就是说，美国的新多边机制将排斥中俄，中俄的进入将十分困难，它的客观结果是在美国和中俄之间竖起一道屏障。

有必要再次说明，这里所说的新东西方是一种形象性比喻，它与冷战时期的东西方不完全一样。不论在广度还是深度上，新东西方体系对世界的分裂都不会像冷战时期那么深广。而在内部关系上，不管是新东方还是新西方也不会像冷战时期那么紧密和一致。

假使这种新东西方体系将会出现，它未来还有发生演变的可能。它的方向是从以中俄—美国为框架演变为以中—美为基本框架，俄罗斯退为支持性或独立角色。在某种程度上，它可能会类似于冷战时期的中美苏关系，只是中国与俄罗斯交换了位置，中美是对立的主角，俄罗斯居于其间或其外。

做出这种判断是基于某些假设。

美国在最新的《国家安全战略报告》中把俄罗斯和中国并列为最大威胁，但未来情况可能发生改变，美国将把中国作为头号目标和对手。事实上，现在这一趋势已经出现。这种转变的根本原因在于，虽然美国把中俄都看作挑战和威胁，但它们对美国的意义不一样。中国是正在崛起的超级大国，它的挑战威胁到美国世界第一大国的地位；而俄罗斯虽然也是美国的威胁，但按俄罗斯学者的话说，它没有与美国战略竞争的本钱，在美国的眼里，它只是一个只要有可能就给美国制造麻烦的“世界级坏蛋”。①

意识形态是美国与中俄政治分界的基础，它的内容有可能变得更为复杂和加深，美国不仅把它看作自由民主与专制集权的对立，也不仅是自由资本主义和国家资本主义的竞争，而且也向资本主义与共产主义的对立演变。美国政界和学术界已经有人把与中国的对立看作资本主义和共产主义两种意识形态和制度模式的对立，这将使意识形态内涵及其对立更加升级，中美之争在政治上也将被标签化为意识形态和制度模式之争。俄罗斯不是社会主义制度国家，因而美俄在意识形态上的对立易于弱化，特别是如果俄罗斯领导人发生更替，或是美俄关系出现缓和。

2020 年暴发的新冠肺炎疫情对国际政治产生了深刻影响，其中一个结果是把中美推向了更尖锐的对立，中美突出成为最严重的矛盾，中、俄、美关系中的中俄—美对立形态减弱，而中—美对立形态强化。俄罗斯学术界对此有敏锐的反应，虽然多认为俄罗斯仍将更多地与中国站在一起，但客观上俄罗斯将是在“坐山观虎斗”的猴子的位置，而且主观上俄罗斯也会认为这是更有利的选择。② 虽然现在还很难对这场疫情的结果做出最后的全面定论，但可以说，它显示出中美关系将成为大国竞

---

① Андрей Кортунов, О мудрой обезьяне, спускающейся с горы, 4 мая 2020, https://russiancouncil.ru/analy tics-and-comments/analytics/o-mudroy-obezyane-spuskayushcheysya-s-gory/.

② 可参见 Андрей Кортунов, О мудрой обезьяне, спускающейся с горы; D. Trenin, “How Russia Can Maintain Equilibrium in the Post-Pandemic Bipolar World”, https://carnegie.ru/commentary/81702; Timofei Bordachev, Threat of a New Bipolarity? https://valdaiclub.com/a/highlights/threat-of-a-new-bipolarity/.

争的焦点，与此同时，对未来国际秩序的竞争也更多是在中国和美国之间展开，一些人认为，疫情将使自由主义国际秩序加速衰落，而中国将填补真空。①

美俄关系存在结构性矛盾，学术界对美俄关系的前景较多持悲观看法，两国关系的根本改善十分困难，但未来某种程度的缓和及改善仍有可能，或者是这一矛盾在美国外交中的重要性相对下降。现在可见的主要变数有两个。

一个变数是2024年俄罗斯总统更替。美国有对俄政策“普京化”的现象，普京在美国被固化为负面形象，与普京的任何妥协都会面临国内政治压力，这也成为美国调整对俄政策的某种政治束缚。2024年或者更早，俄罗斯总统换届将给美国调整对俄政策提供机会窗口，美国期望可以不再同普京打交道。现在出现了另一种形势，即普京有可能继续执政，美国将不得不在未来很长时期继续面对普京。在这种情况下，美国欲在对俄政策上有所改变，这仍是一个合适的机会窗口。

另一个变数是美国对中俄的策略会否改变。在美国外交和学术界，一直有对中俄采取分而治之或联俄制华的主张，这种主张的声音近年来渐高。从策略上说，它有其合理性，不排除美国未来转向这种策略的可能。

中俄关系也可能发生某种变化。在中俄国力差距拉大到一定程度时，两国的国际秩序观有可能发生分化，导致两国在国际秩序主张上的统一阵线松散。另外，政治安全是中俄重要的共同利益，它的威胁主要来自美国。但是，美国对中俄政治安全的威胁有所差别。美国对中国的目标是针对中国的政治制度，而对俄罗斯的目标主要是针对特定的政权，并不一定是制度。

---

① Kurt M. Campbell and Rush Doshi, “The Coronavirus Could Reshape Global Order. China Is Maneuvering for International Leadership as the United States Falters”, https://www.foreignaffairs.com/articles/2020-03-18/coronavirus-could-reshape-global-order.

假使美国对俄罗斯政权的态度转为容忍，美国对俄罗斯政治安全威胁的程度将减轻，中俄在政治安全上共同利益的基础也将减弱，这也可能影响到两国在国际秩序问题上的一些相关概念，进而影响到两国所持有的某些共同主张。但这不意味着中俄整体关系的逆转。

二　人类命运共同体：地区合作的深刻动力

2020年是中华民族决胜小康社会建设、实现全面复兴、加速走向世界舞台中心的重要节点，也是国际社会推动新一轮经济全球化、谋求改善全球治理的关键之年。然而，不期而至的新冠肺炎疫情突袭世界，使人类社会陷入前所未有的半瘫痪状态。以邻为壑、相互仇恨、彼此隔绝的“政治病毒”与嫁祸于人、造谣生事、鼓动对抗的“精神瘟疫”相互裹挟，呼啸而来。面对如此复杂的国际形势，中国唯有坚持推动构建人类命运共同体，坚持推动和参与全球抗疫合作，坚持推动“一带一路”建设，坚持开展政策沟通与民心相通，方可在百年未遇之大变局中趋利避害，破浪前行。

（一）人类命运共同体：共同需要的精神力量

无论后疫情时代国际格局如何变化，人类社会相互依存、命运与共的本质属性不会改变，只会继续彰显和强化；世界各国彼此需要共谋发展的经济态势不会改变，只会继续扩大和深化；不同文明形态既彼此有别又互通互鉴的历史大势不会改变，但会有新的特点和内涵。

1. 全球抗疫背景下的中国与世界①

中国作为一个负责任的大国，及时采取一系列果断的非常措施，在全国范围内筑起了阻遏疫情的钢铁长城，在抗击疫情冲击中取得重大成就。我们不但把自己的损失降到最低限度，同时也为国际社会应对疫情冲击，赢得了极为宝贵的时间，成绩有目共睹。

受疫情形势复杂化和世界经济衰退双重影响，我国经济虽然总体向好的大趋势没有改变，但不确定、不稳定因素增多。2020 年 4 月 9 日发布的《关于构建更加完善的要素市场化配置体制机制的意见》，将促进生产要素自由流动和市场化配置提到更加突出的位置。疫情暴发后的反复强调要稳定就业、金融、外贸、外资、投资和预期，要确保居民就业、基本民生、市场主体、粮食能源安全、产业链供应链稳定和基层运转。各地复工复产复运复市，快速推进，企业经营活动基本恢复，主要经济指标降幅已经收窄。

中国应当坚持四个“坚定不移”：坚定不移地继续推动构建人类命运共同体；坚定不移地参与和推动全球性抗疫合作；坚定不移地高质量推进“一带一路”建设；坚定不移地开展政策沟通与民心相通工作。

此次新冠肺炎疫情全球大流行以及全球抗疫合作逐步开展，再次彰显了人类社会安危相依、命运与共的根本属性。在 2020 年 3 月 26 日召开的 G20 特别峰会上提出的“重大传染性疾病是全人类的敌人”，得到了国际社会的普遍认可和认同。在大疫之后世界格局可能发生重大变化的新形势下，通过“一带一路”

① 本部分作者：于洪君，中联部原副部长、中国人民争取和平与裁军协会副会长。根据作者做客曼享智汇“中国与世界”大讲堂的发言整理。

框架下的平等合作、广泛合作与可持续合作，仍可带动世界各国摒弃社会制度差异，超越意识形态纷争，最大限度地实现发展理念对接，实现政策法规对接、机制体制对接。在当前形势下，创造性地运用和发展我们在推进“一带一路”建设过程中提出的“政策沟通”和“民心相通”两大对外工作方式和方法，意义重大深远，因而势在必行。

后疫情时代世界格局将如何变化？世界将在变与不变的剧烈对冲中走向未来：人类社会相互依存、命运与共的本质属性不会改变，只会继续彰显和强化；世界各国彼此需要共谋发展的经济态势不会改变，只会继续扩大和深化；不同文明形态既彼此有别又互通互鉴的历史大势不会改变，但会有新的特点和内涵。

2. 人类需要团结合作战胜新冠肺炎疫情

新冠肺炎疫情期间，部分国家的政客煽动国内民粹主义情绪，对整个国际环境的影响很大，甚至出现了一些逆全球化的潮流。然而，人类命运共同体理念被更多的人接受。疫情不分国界，只有通过国际合作才能战胜我们共同的敌人。

（1）新冠肺炎疫情促使人类命运共同体理念更加深入人心①

此次新冠肺炎疫情使整个国际格局发生了深刻的变化。最大的变化在于，疫情给世界经济带来的巨大冲击和严重损害。联合国最新的统计数据显示，2020 年全球经济将下降 3.2%。其中，发达国家的经济或将下降 5%，发展中国家则会下降 0.7%。世界经济总体下滑，此消彼长的态势还将进一步发展。应该说，发展中国家在整个世界经济当中的地位和作用会增强，

① 本部分作者：季志业，中国现代国际关系研究院原院长，中国社会科学院中俄战略协作高端合作智库常务理事，研究员。根据作者接受《人民中国》的采访整理。

这是不争的事实，也是机遇。疫情期间也出现了不少令人鼓舞的现象。比如，人类命运共同体理念被更多的人接受。大家清楚地了解到疫情是不分国界的，无论你是什么身份、地位，都免不了受到疫情的冲击，只有通过国际合作才能战胜我们共同的敌人。

2020 年 5 月 18 日召开的世界卫生大会就体现了这一点。习近平主席在会上宣布，中国将在两年内提供 20 亿美元国际援助。这充分彰显了中国一直奉行的人类命运共同体理念。最近一段时间，很多国家的领导人纷纷发表讲话，表示支持世界卫生组织，呼吁各国团结起来，通过合作共同抗疫。尤其是针对疫苗的研发工作，很多国家和组织都支持由世卫组织牵头带领各国专家、科学家共同研发疫苗，这是个积极的现象，我们应利用好这些有利条件继续推进国际合作。

"一带一路"建设的未来发展是不少人关注的问题。有些人可能会有这样的疑问，整个世界经济不景气，中国经济也受到了冲击，中国是否还会继续推进"一带一路"建设呢？答案当然是肯定的。"一带一路"建设是我国的百年大计，是中国可持续发展的重要举措。可以说，中国能否可持续发展，在某种程度上取决于我们如何推进"一带一路"建设。抗疫合作本身就是"一带一路"合作的一个很好体现。中国通过在抗疫领域的合作，帮助"一带一路"沿线国家克服疫情带来的种种困难，进而有效地推进了"一带一路"建设的发展。比如，中国的抗疫经验、中医药的临床应用、研发的疫苗都可以帮助"一带一路"沿线各国进行抗疫。这种合作也会进一步增强"一带一路"沿线各国的凝聚力。

新冠肺炎疫情期间，中日韩三国的经济合作仍在持续推进，东南亚各国的经济恢复也相对较快。在这样的背景下，我们可以率先在亚洲地区推进合作关系。比如，中日韩在共同抗疫的过程中仍然可以继续推进中日韩自贸区的谈判，共同在"一带一路”沿线国家开展第三方合作，继续推进《区域全面经济伙伴关系协定》（RCEP）的签订等。疫情发生以来，中国和东盟国家的贸易出现了逆势增长，而且增长的幅度还相当大，我们应该积极利用这一态势，把“一带一路”基础设施建设的重点放在东南亚等相关地区。这对我国“一带一路”建设的可持续发展以及中国经济的可持续发展都具有积极的促进作用。

受疫情影响，2020 年的两会很特别，一是推迟了两个月召开，二是大幅压缩了会议时间。两会的召开标志着中国的抗疫工作已经取得了阶段性的胜利，尤其是已经赢得了武汉保卫战和湖北保卫战的胜利。两会的顺利召开也标志着全国的重点工作已经由以抗疫为主，转向了既要抗疫又要发展经济和民生的新阶段。政协开幕式上，全体与会人员默哀 1 分钟，对因新冠肺炎疫情牺牲的烈士和逝世的同胞表示深切哀悼。

2019 年中央政协工作会议在京召开。以党中央名义召开政协工作会议，在党的历史、人民政协历史上，都是第一次。习近平总书记在这次会议上发表了重要讲话，为新时代人民政协事业的发展进一步指明了前进方向，提供了根本遵循。此次工作报告中也明确提出了要认真学习贯彻中央政协工作会议精神。汪洋主席所作的报告真正体现了政协并非居于二线，而是站在一线的。政协委员们都奋斗在一线，他们履职尽责，为国家的事业奉献自己的智慧。

（2）战胜疫情和推动发展的精神法宝①

在疫情防控最吃劲的关键时刻，党中央专门召开统筹推进新冠肺炎疫情防控和经济社会发展工作部署会议，习近平总书记发表重要讲话，指导部署当前和今后一个时期疫情防控和经

① 本部分作者：马援，中国社会科学院科研局局长；王继锋，中国社会科学院科研局助理研究员。文章题目及来源：《战胜疫情和推动发展的精神法宝》，《学习时报》2020 年 3 月 11 日第 2 版。

济社会发展工作，为彻底打赢疫情防控阻击战进行了全国总动员，为下一步统筹做好疫情防控和经济社会发展指明了方向，体现了强烈的制度自信、人民立场和科学态度，成为全国人民战胜疫情、推动发展的精神法宝。

①中国特色社会主义制度自信，为战胜疫情推动发展提供了信念支撑

信仰、信念、信心，任何时候都至关重要。面对中华人民共和国成立以来传播速度最快、感染范围最广、防控难度最大的一次重大突发公共卫生事件，全国上下始终能够满怀信心，保持必胜信念，在较短时间内形成积极向好的疫情防控态势，充分体现了中国特色社会主义制度优势，充分体现了制度自信的强大精神力量。

疫情发生以来，习近平总书记时刻关注疫情形势，多次主持召开中央政治局常务委员会会议，对疫情防控工作亲自指挥、亲自部署、亲自动员，提出抗击疫情“坚定信心、同舟共济、科学防治、精准施策”的总要求，做出明确工作部署。党中央及时成立应对疫情工作领导小组，加强对全国抗击疫情工作的统一领导、统一指挥、统一协调、统一调度，出台了一系列重要政策和工作安排，启动了由国家卫健委牵头、32 个部门组成的联防联控工作机制，按照集中患者、集中专家、集中资源、集中救治的原则，加强了医疗物资等的供应保障和紧缺物资的统一调配，组织协调全国的优势科研力量，紧急开展对新冠肺炎疫情的协同攻关，从国家部委、高校、科研院所到企业、社会组织，各司其职，为疫情防控提供了有力支撑保障，在短时间内形成了全面动员、全面部署、全面加强疫情防控工作的局面，充分发挥了集中力量办大事的制度优势。

在疫情防控工作中，各级党委政府坚决服从党中央的统一指挥，把打赢疫情防控阻击战看作头等大事，层层传导压力，采取因地制宜的应对方案和精准的防控举措，从决策到执行快

速衔接，从各地启动重大突发公共卫生事件一级响应，到建立从城市到乡村的全面防控网络，短时间内建成武汉火神山、雷神山医院，短时间内能够在全国范围内调集数万名医疗工作者驰援湖北，短时间内形成全面高效的隔离防护网络，表明了中国制度的优势所在，也为全国人民战胜疫情提供了强大的信念支撑。

中央把疫情防控作为对国家治理体系和治理能力的一次大考，统筹推进疫情防控与经济社会发展两个大局、统筹国际国内复杂局面、统筹舆情引导与应急应对处置等多方关系，果断处理有关地方前期防控工作中存在的严重问题，及时发现和纠正疫情防控工作中的形式主义、官僚主义等问题，积极回应国际社会和人民群众的关切，完善国家重大疫情防控救治、公共卫生应急管理等方面的体制机制建设，在这场大考面前，展现了中国气度、中国立场、中国效率。

②为了人民、相信人民、依靠人民的坚定立场，为战胜疫情推动发展提供了强大动力

始终着眼于实现好、维护好、发展好最广大人民的根本利益，是我国国家制度和国家治理体系有效运行、充满活力的根本所在。历史实践反复证明，无论遇到多大的风险挑战，只要坚持以人民为中心，紧紧依靠人民，就没有迈不过去的坎。党中央把此次疫情防控定义为一场人民战争，在防控工作中充分彰显了人民至上的价值追求、植根人民的路径选择和依靠人民的深厚动力，从而能够最大范围地凝聚共识、汇聚民心、集结民智，形成源源不断的中国力量。

习近平总书记指出："打赢疫情防控这场人民战争，必须紧紧依靠人民群众。"在疫情防控工作中，党和政府始终把人民群众的生命安全和身体健康放在第一位，在疫情面前，各级党委、政府坚定不移地走群众路线，畅通社会力量参与疫情防控渠道，组织引导人民群众积极参与疫情管理，人人有责、人人尽责，

形成互信、互助、互担的整体防控链和专群结合、群防群控的防控体系，把疫情防控工作变成亿万人民参与、人民支持的防疫战争。为了人民、相信人民、依靠人民，是我们党治国理政的“传家宝”，也是疫情防控形势向好的根本原因。

在疫情面前，党中央和各级党委、政府着力当好人民群众贴心人，从患者收治、物资供应、复工复产、日常生活保障等群众最关心的现实问题入手，及时解决群众所急所忧所思所盼，实行“米袋子”省长责任制和“菜篮子”市长负责制，保障生活必需品和相关医疗用品的市场供应与价格稳定，做好疫情期间基本民生服务，维护好群众生产生活秩序，防止疫情导致社会失序及相关问题。

在此次疫情防控工作中，非常明显地出现了政府与群众、官方与民间、线上与线下的高频次社会互动，成为网络时代各级党委政府接受监督、回应监督、提升社会治理能力和治理水平的一次重大考验。我们可以看到，从中央到地方各级政府多层次、高密度发布疫情信息，广泛普及疫情防控知识，积极引导人民群众正确理性看待疫情，增强自我防范意识和防护能力；坚持“民声导向”，充分发挥群众监督作用，将群众集中反映的问题作为改进工作的方向，及时纠正疫情防控中侵害人民群众合法权益、妨碍群众正常生产生活的不当做法和问题。这些工作，都是得民心、应民意之举，是践行新时代群众路线的具体体现。党和政府以坦诚、透明、积极的态度开展与人民群众、社会各界之间的良性互动，建立起共同抗击疫情的强大统一战线。

③科学规划、科学统筹、科学施策，为防控疫情推动发展提供了坚实保证

疫情防控是涉及方方面面的系统工程，打赢这场战疫，科学是最有力的武器。习近平总书记的重要讲话，就应对疫情和实现经济社会发展做了阐述，深刻体现了实事求是、辩证统一的科学精神和思想方法。习近平总书记要求，各级党委、政府

和各级领导干部要扛起责任、经受考验，既有责任担当之勇，又有科学防控之智；既有统筹兼顾之谋，又有组织实施之能。打赢疫情防控阻击战，必须坚持按科学规律办事，将科学态度、科学精神、科学方法贯穿到疫情防控工作始终。

坚持科学规划，统筹疫情防控与经济社会秩序恢复。党中央始终坚持用全面、辩证、长远的眼光部署疫情防控工作，充分把握和遵循疫情防控的基本规律，充分认识疫情防控与经济社会发展的辩证关系，既全盘掌握疫情防控的整体态势和各方面任务，又突出重点，在不同的防控阶段抓住主要矛盾。一方面，把控制源头、切断传播途径，作为疫情防控的治本之策，坚决扭住联防联控和患者救治两个关键，全力遏制疫情扩张蔓延的风险。另一方面，在确保疫情防控到位的前提下，逐步推动非疫情防控重点地区企事业单位复工复产，有序恢复生产生活秩序，为疫情防控提供有力物资保障和生活保障，同时将疫情对经济和社会发展稳定的影响降到最低，充分释放我国发展的巨大潜力和强大动能，努力实现今年经济社会发展目标任务。

立足科技支撑，统筹科学防控和科技研发攻关。科技是人类战胜大灾大疫的有力武器。一方面，自防疫工作初期，中央就加大科研攻关力度，组织协调全国的优势科研力量，集中开展病毒溯源、病毒传播致病机理、药物研发、疫苗研发、检测试剂等应急项目的多学科攻关，为疫情防控提供科学策略和诊疗方案。另一方面，充分运用大数据、无人机、人工智能、区块链等新技术支撑疫情防控工作。不少城市和地区依托全覆盖的信息管理体系和大数据分析平台，对病毒传播速度、发展规律、病例症状等信息进行数据分析，对人员流动进行动态监测，实现疫情分析、决策及各项防控举措的科学化、精准化、高效化。

讲求科学方法，统筹中央和地方防控举措。在疫情防控最吃劲的关键阶段，防控不能放松，经济社会发展目标又要统筹推进，各级党委和政府在疫情防控中应坚持实事求是，将各项防控举措建立在对疫情发生、发展及传播规律的科学认知和专业知识的基础之上，在立足于整体防控、协同防控的同时，根据自身疫情实际情况，分区分级制定差异化防控策略，采取灵活多样的防控举措，明确不同时期的防控任务和工作重点，及时根据形势变化动态调整防控措施，使各项防控措施既符合实际需要，更能够实现保护民众的生命安全和身体健康的防控目标。要做到这一点，不仅要有勇于负责、勇于担当的精神，更要坚持科学态度和科学方法。

（二）地区合作展现中国品格

2020 年全球事务中的头等大事，就是新冠肺炎疫情不分种族与国界，肆虐全世界各个角落。面对突如其来的历史性灾难，世界各国一方面不得不各自为战，努力自保；另一方面又相互沟通，谋求合作。中国是此次全球抗疫行动的先锋队，也是推动全球合作共同抗疫的积极力量。充分体现了中国特色社会主义制度不可替代的巨大优势和潜能，展示了自强不息的中华民族与世界同行、与时代同步的优良品格。

1. 推动和参与全球抗疫合作

面对疫情，面对复杂的国际局势，中国始终矢志不移，坚持在全球抗疫合作中肩负大国责任，履行大国义务。对于这个关乎人类前途命运的重大问题，中国与世界同行、与时代同步，不会有任何犹疑和动摇。

（1）疫情肆虐全球，中国当行“四个坚持”①

第一，坚持推动构建人类命运共同体。人类社会在繁衍生息、薪火相传、走向未来的历史进程中，总会遇到源自内部或外部的各种风险和危难，总要面对各种无法预见的冲突和挑战。目前肆虐全球的新冠肺炎疫情，是世界进入现代发展阶段后暴发的最大的公共卫生事件，也是人类社会面临的一场生死浩劫。这场灾难对国际关系、世界经济、社会文化和人类未来行为方式的深远影响，目前还难以准确评估。

据世界卫生组织（WHO）资料，截至北京时间 2020 年 4 月 30 日 16 时，全球确诊病例超过 309 万例，死亡超过 21.7 万例。② 美国成为名副其实的“疫情超级大国”。意大利、西班牙、法国、英国等欧洲国家的情况都非常严重，有些国家病死率超过 10%。从俄罗斯所在的独联体地区，到东北亚、东南亚、南亚以及伊斯兰国家较为集中的西亚，从非洲大陆到南太平洋乃至整个拉丁美洲，病毒的攻击没有国界与民族种族之分，也不论宗教文化、价值观体系、社会制度和发展水平。这是人类共同面临的灾难和挑战。

但也正是由于病毒的无差别攻击，使世界经济遭到难以承受的重创。服务业、制造业大幅度萎缩，全球产业链、供应链大面积断裂，世界期货市场与股市剧烈震荡。世界各国需要应对的是共同性风险和危机。

对于人类社会安全与发展利益密切交织、前途与命运彼此相关的本质属性和时代特点，中国早有科学判断和思考。近些年来，中国特别注意强调本国发展利益、安全利益与世界各国

① 本部分作者：于洪君，中联部原副部长、中国人民争取和平与裁军协会副会长。文章题目及来源：《疫情肆虐全球　中国当行“四个坚持”》，《国际问题研究》2020 年第 3 期。

② 刘曲：《世卫组织：中国以外新冠确诊病例达 3006072 例》，新华社，2020 年 4 月 30 日。

发展利益、安全利益的关联性和一致性。2013年3月习近平主席出访俄罗斯，首次就人类文明进程、世界格局演变、中国与外部世界的关系发表演说，旗帜鲜明地阐述了人类命运共同体思想以及与此相关的时代观、发展观、合作观、安全观和文明观。他指出：我们所处的是一个风云变幻的时代，面对的是一个日新月异的世界，各国相互联系、相互依存的程度空前加深，人类生活在同一个地球村里，生活在历史和现实交汇的同一个时空里，越来越成为你中有我、我中有你的命运共同体。

此后，习近平主席在国内外许多场合反复强调构建人类命运共同体的必要性和紧迫性。2017年1月，他在联合国日内瓦总部专门以“共同构建人类命运共同体”为题发表演说，再次强调：人类正处在大发展大变革大调整时期，各国相互联系、相互依存，全球命运与共、休戚相关；人类正处在挑战层出不穷、风险日益增多的时代，包括重大传染性疾病在内的传统与非传统安全威胁持续蔓延，中国方案是“构建人类命运共同体，实现共赢共享”。

人类命运共同体思想是新时代中国外交的理论基石，也是中国参与国际事务、处理对外关系、推动全球治理体系改革的行动指南。这一重要思想的真理性，已为当今世界发展大势所证实。此次新冠肺炎疫情全球大流行，全球抗疫合作局面逐渐形成，再次彰显人类社会安危相依、命运与共的根本属性。2020年3月26日，习近平主席在G20特别峰会上宣布，“重大传染性疾病是全人类的敌人”，得到国际社会普遍认同。

此后，罗马教皇方济各为世界祈祷时表示：我们都在同一条船上，彼此需要帮助。联合国秘书长古特雷斯也表示：新冠肺炎疫情大流行这一人类面临的危机需要全球主要经济体协调一致，采取果断、包容、创新的政策行动。虽然他们的话语体系不同，但人类社会命运与共的科学判断得到越来越广泛的认同，这已是不争之实。

因此，无论未来国际风云如何变幻，无论疫后世界格局怎样重组，中国都应毫不动摇地坚持推动构建人类命运共同体，始终不渝地坚持用这一理论和相关政策处理对外事务，推动人类社会共同发展与进步。

第二，坚持推动和参与全球抗疫合作。由于发展水平、治理体制、社会习俗和文化心理不同，各国应对重大灾难和危机的能力和方式存在很大差异。但面对重大灾难，携手应对符合人类社会的人道主义品格和本性，符合危难关头和衷共济的永久诉求。

此次疫情在中国突然暴发，中国得到世界上许多国家政府、企业、民间组织和友好人士的支持和援助。中国政府已多次向国际社会表达谢意。与此同时，中国一开始就与 WHO 保持了密切合作，及时通报疫情发展情况和中国的防控措施。后来，随着中国防控形势渐趋稳定，中方向 WHO 和联合国其他相关机构，向周边邻国、广大发展中国家乃至欧美国家提供了多种形式的支持和援助，得到国际社会广泛赞誉。美国总统特朗普也对此表示了“赞同”，承认中国对全球抗疫的支援是“积极的”。

对于国际社会团结合作共同应对此次疫情，中国一开始就秉持坦诚开放、积极参与的建设性立场，这是人所共知的。习近平主席曾在 G20 特别峰会上宣布，中国愿同有关国家分享防控疫情的有益做法，并就打好新冠肺炎疫情防控全球阻击战，明确提出一系列重大建议。2020 年 3 月 12 日，在同联合国秘书长古特雷斯通电话时，习近平主席指出，新冠肺炎疫情的发生再次表明，“人类是一个休戚与共的命运共同体”①。此后，国际社会注意到，中国从中央到地方，从民间组织到企事业单位，

① 《全球战“疫”，网民这样看习近平提出的理念》，新华网，2020 年 3 月 24 日。

从驻外机构到境外公司，纷纷行动起来。中国参与和支持全球抗疫合作的力度和规模越来越大。越来越多的中国专家学者和医护人员，飞赴世界各地，投入全球抗疫斗争第一线！

各种迹象表明，抗击新冠肺炎疫情的全球行动，可能要持续相当一段时间。中国参与全球抗疫合作的方式方法将是多种多样的。我们的付出和努力，既会得到充满善意的回报，也会遇到意想不到的问题，譬如国际敌对势力的恶意攻击和歪曲，境内不良商家或个人违规行为带来的负面影响。但不管局面多么复杂，任务多么艰巨，中国都将矢志不移，坚持在全球抗疫合作中肩负大国责任，履行大国义务。对于这个关乎人类前途命运的重大问题，中国与世界同行、与时代同步，不会有任何犹疑和动摇。

第三，坚持推进“一带一路”建设。新冠肺炎疫情全球大流行，不仅对各国人民的健康生活与生命安全造成现实威胁，同时也给世界经济运行、贸易秩序重建、国际人文交流带来难以估量的巨大损害。换句话说，新冠肺炎疫情严重影响和扰乱了人类社会的发展进程。

受疫情冲击影响，今年的世界经济走势和全球就业状况将极为严峻。作为世界最大经济体的美国，股市连续多次出现熔断，美联储无底线放水救市，波音、通用电气等巨无霸企业或停产歇业或大幅裁员。2020 年 4 月 21 日，美国西得克萨斯州轻质原油期货 WTI 价格竟跌至负值，最终以每桶 -37.63 美元收盘，整个世界为之惊骇。国际社会遭遇的这轮经济危机，将远超第二次世界大战前的大萧条。主权经济盛行的封闭发展时代可能到来。

面对这一严峻形势，习近平主席在 G20 特别峰会上建议国际社会加强宏观经济政策协调，共同维护全球金融市场和全球产业链、供应链稳定。这些建议如能被普遍接受并全面执行，世界各国将通过全球抗疫合作强化经济联系，重建国际经济秩序，重塑世界经贸格局，打造更高水平的全球产业链、供应链，为完善全球经济治理开辟新路径，这些并非没有可能。

在阻止经济全球化崩盘、探索建立新的经贸秩序、推进新型国际合作的过程中，中国推动的“一带一路”建设仍具有不可替代的示范价值。六年多来，“一带一路”建设已在许多国家、许多领域取得举世公认的成果。实践证明并将继续证明，“一带一路”建设不但是与世界融合发展、联动发展的“中国策”，同时也是引导世界各国合作共赢、互利共赢的“新范式”。大疫之后的世界格局将有重大变化，但在“一带一路”框架下继续开展平等合作、广泛合作与可持续合作，世界各国仍可摈弃社会制度差异，超越意识形态纷争，最大限度地实现发展理念对接、政策法规对接、体制机制对接。

当然，我们也注意到，新冠肺炎疫情全球大流行迫使各国政府将当前的行为重心和施政重点转移到防控疫情上来，“一带一路”建设受到了意想不到的冲击。在国内，企业面临生产、流通、融资、用工、安全等多方面困难和压力，“走出去”的能力相对下降，执行境外合同、履行合同义务的能力可能要打折扣。另外，很多国家已无力继续推进大规模基础设施建设，“一带一路”新项目、新工程此呼彼应的状况短期内难以再现。国外某些势力，难免借机唱衰“一带一路”，挑拨中国与“一带一路”合作伙伴的关系。

对此，我们要有清醒的认识和足够的准备。要在资源配置、着力方向、政策引导等方面，做出新的安排和部署，确保“一带一路”建设持续推进，平稳运行。换句话说，推进“一带一路”建设，既要一如既往，百折不回，又要审时度势，因势利导。最重要的一点，就是要更加严格地恪守稳中求进总方针，努力调整行为方向、优化项目质量、提高合作水平、化解安全风险、加强民心相通、确保人员安全。在当前形势下，要注重国计民生需求、服务公共卫生事业，力争为国际抗疫合作作出实质性贡献。

坚持开展“一带一路”建设，是中国打开国门搞建设的意志体现，是中华民族与国际社会风雨同行的不二选择。我们不急功近利，不强人所难，而是统筹规划，合理运筹，张弛有度。“一带一路”建设在全球抗疫合作以及疫后世界经济重建中，一定会再创佳绩。

第四，坚持开展政策沟通与民心相通。新冠肺炎疫情肆虐全球警示我们，人类与自然界的关系、人类自身生存与发展方式、人类社会不同组成部分之间的相互关系，正在发生突变。面对“百年未有之大变局”中的这一最大意外以及纷至沓来的各种冲击和挑战，国际舆论场一片混乱。中国应对这场疫情的超强能力、特殊手段和示范效应，导致国际上某些势力对中国加速崛起愈加恐惧和不安。国际上某些势力，一方面造谣生事，污名化中国，企图推卸他们防控疫情严重滞后、加剧灾难的政治责任，要求中国对新冠肺炎疫情在全球蔓延承担责任，甚至要求中国对各国做出“赔偿”。另一方面，他们对中国政府为防止疫情扩散而采取的各种措施说三道四，进而诋毁中国的政治制度、治理方式和价值观体系，不遗余力地抹杀中国抗疫成功、支持全球抗疫行动的积极影响。有鉴于此，中国坚持开展政策沟通和民心相通，势在必行。

所谓政策沟通，就是要在习近平主席身体力行的元首外交带动下，从中央到地方政府，从驻外代表机构到境外国有企业，全体动员，密切配合，持续加大中国内外政策解读与诠释工作。所谓民心相通，就是要充分利用境内外一切传播资源和手段，调动一切可以调动的潜能和因素，包括各类传媒和学术机构，面对境外社会各界和普通民众，有的放矢地做好解疑释惑、引导舆情、匡正视听等工作。

当前对外开展政策沟通和民心相通工作，重点在于宣介中国政府领导全国人民取得的抗疫斗争阶段性成果，宣传中国为支持全球抗疫合作而做出的巨大努力。开展政策沟通和民心相通，一是要使国际社会进一步认识到，新冠肺炎疫情是“人类公敌”，世界各国除摒弃前嫌，相互救助，没有其他出路；二是要昭示国际社会：中国政府抗击新冠肺炎疫情的成就不容诋毁，中华民族为全球抗疫合作做出的贡献不容歪曲！

开展政策沟通与民心相通工作，既要着眼于当前全球抗疫这场重大斗争，也要兼顾国家形象塑造、文化交流合作等常态化工作。要把当前工作重点与长期工作任务有机统一起来。既不失去重心，又不顾此失彼。

坚持做好政策沟通、民心相通两项工作，事关我们党和国家的形象塑造，事关中华民族与世界各国互信合作的民意根基。要坚持不懈地做好统筹协调，努力形成相辅相成、相得益彰的良性格局。要善于总结经验，补足短板，改进回应负面国际舆论的方式和方法。要阻遏狭隘民族主义、粗俗民粹主义对外交工作的冲击，抨击反社会、反文明、反人类言行，把推进政策沟通与民心相通两项工作引导到有理有利有节、有章有法有序的常态化发展轨道。

（2）国际抗疫合作展现中国品格①

2020 年 4 月 2 日，第 74 届联合国大会通过了《全球合作共同战胜新冠疫情》决议，强调新冠肺炎疫情对人类健康、安全和福祉所造成的威胁，呼吁世界各国必须强化基于协调一致和多边主义的“全球应对”行动，各国加强国际合作，以遏制、减缓并最终战胜疫情。

众所周知，疫情暴发之初，当一些国家对这场不期而至的特大灾难还没有充分认识，甚至抱着隔岸观火的扭曲心态对中

① 本部分作者：于洪君，中联部原副部长、中国人民争取和平与裁军协会副会长。文章题目及来源：《国际抗疫合作展现中国品格》，《人民政协报》2020 年 4 月 14 日第 3 版。

国指手画脚时，中国就已经非常清楚地意识到疫情蔓延全球的现实危险。习近平主席一开始就大力主张“积极开展抗疫国际合作”，呼吁世界各国共同“维护地区和全球公共卫生安全”。近段时间，随着新冠肺炎疫情全球蔓延态势进一步加剧，习近平主席通过多种渠道庄严承诺：中国要“向其他出现疫情扩散的国家和地区提供力所能及的援助”。

中国是这样说的，也是这样做的。2020 年 1 月初，新冠肺炎疫情在中国刚刚暴发后，中方即及时主动地向世界卫生组织做了通报，同时还向包括美国在内的有关国家通报了疫情信息，与世界卫生组织和有关国家共享新型冠状病毒基因组序列信息。与此同时，中方还安排中国—世卫组织联合专家考察组到疫情较重地区实地考察，共同调研疫情暴发原因与防控形势。中国国家卫健委和外交部等有关机构，多次召开疫情通报会和新闻发布会，介绍疫情进展和中国防控情况。这种公开透明和高度负责的做法，不但及时地回应了国际社会的普遍关切，更重要的是为世界各国掌握疫情动向、开展防控工作提供了宝贵经验和思路。

中国支援世界各国开展抗疫斗争，从行动主体到实施形式，始终带有多元化、多样性等突出特点。从国家层面到地方政府，从执政党对外机构到各种民间团体，从体量不一的企业到身份各异的公民个人，中国为国际抗疫事业做出的贡献有目共睹。据不完全统计，截至 2020 年 3 月底，中国共向 120 个国家和 4 个国际组织提供了口罩、防护服、核酸检测试剂、呼吸机等防控物资。各地方政府通过国际友城等渠道，向数十个国家捐赠了医疗物资。阿里巴巴、华为等中国民营企业也向包括美国在内的 100 多个国家和国际组织捐赠了医疗物资。

派遣医疗专家参与有关国家抗疫行动，是中国支持和推动国际抗疫合作向不断纵深发展的另一重要形式。数据显示，截至 2020 年 4 月 7 日，中国已向意大利、塞尔维亚、柬埔寨、巴基斯坦、伊朗、伊拉克、老挝、委内瑞拉、菲律宾、英国等许多国家派出了医疗专家组。美国纽约州州长日前在一次讲话中透露，来自中国的医疗专家已经抵达当地。他还专门对此表示了感谢。

在积极参与和支持国际抗疫行动的过程中，中国通过多种渠道和方式，与全球 100 多个国家、十多个国际和地区组织分享疫情防控信息和治疗方案等文件，专门建立新冠肺炎疫情网上知识中心和国际合作专家库，通过远程视频与国外专家学者进行业务交流。在国外的医疗队除全力参与疫情防控外，还在当地开展了各类培训和健康教育活动，接受培训者多达万人。为满足非洲国家的特殊需求，中方组建了远程专家指导团队，以视频会议方式，帮助非洲疾控中心在疫情防控中发挥作用。

诚然，如同任何国家一样，中国参与全球抗疫合作，不可能全部采用无偿援助形式。按照国际惯例，某些出口药品和物资，只能以货物贸易方式进行。为了高质高效地做好这项工作，商务部等部门联合发文，明确要求医疗物资出口企业确保产品质量。在国内防控形势仍相当严峻、药品和物资需求压力很大、生产运输任务相当繁重的形势下，中国不断加大生产运输监管力度，同时积极与各国开展生产研发合作，充分体现了中国社会主义制度不可替代的巨大优势和潜能，展示了自强不息的中华民族与世界同行、与时代同步的优良品格。

2. 中国为全球抗疫做出重大贡献

人类社会正在遭遇的，是百年未遇的特大生存危机；世界各国目前所面临的，是共同性的灾难和挑战。大疫当前，中国作为一个负责任的社会主义的发展中大国，始终秉持构建人类命运共同体这一崇高理念，应对这场突如其来的巨大挑战。中国一方面始终着眼于维护本国人民的生命安全和生产生活，取得抗疫斗争阶段性成果后立即着手恢复经济，推动社会正常运转；另一方面，始终密切关注全球疫情发展态势，全力参与全球抗疫合作，推动世界公共卫生建设。通过大规模出口防疫物资、大量对外派遣医疗专家等方式，中国为世界各国应对疫情提供了实实在在的支持和帮助，同时也通过持续推进“一带一路”建设，为世界经济总体复兴做出独特贡献。

（1）中国推动全球抗疫既趋利避害又勇于担当①

2020 年是中华民族复兴史上浓墨重彩的一年，也是人类编年史上非同寻常的一年。这一年，是中国决胜小康社会，实现全面脱贫，与外部世界全面互动向纵深发展的重大时间节点，同时也是国际社会抵御民粹主义和保守主义，反对单边主义和新霸权主义，共同探索新一轮经济全球化，谋求改善全球治理体系的关键时刻。然而，不期而至的新冠肺炎疫情，突然席卷全球。

种种迹象表明，新冠肺炎疫情这场特大传染病，早在 2019 年就已经在世界许多地方悄然来袭。遗憾的是，当时国际社会对这种病毒缺乏认识，没有引起足够的警觉和重视。因此，当新冠肺炎今年年初突然流行开来并且很快蔓延全球时，许多国家一时不知所措，国际社会总体上处于猝不及防状态。

到 2020 年 5 月为止，疫情已经波及全球 210 多个国家和地区，影响到 70 多亿人口，夺走了 30 余万人的生命。新冠病毒对人类的攻击不分民族和种族，不分地域和疆界，也不论宗教文化和价值观体系，不论社会制度和发展水平。

中国共产党作为一个经验丰富、善于应对各种风险和考验的执政党，及时采取一系列果断措施，领导全国在抗击疫情冲击中取得重大成就。我们不但把自己的损失降到最低限度，同

---

① 本部分作者：于洪君，中联部原副部长、中国人民争取和平与裁军协会副会长。文章题目及来源：《中国推动全球抗疫既趋利避害又勇于担当》，《南财快评》2020 年 5 月 21 日。

时也为国际社会应对疫情冲击，赢得了极为难得的宝贵时间。

显而易见，人类社会正在遭遇的，是百年未遇的特大生存危机；世界各国目前所面临的，是共同性的灾难和挑战。大疫当前，各国政府理应携手并肩，联合行动，患难相依，共渡难关，朝着推动构建人类命运共同体、实现共同发展共同安全的方向迈出一大步。然而，不幸的是，由于某些国家某些势力顽固坚持霸权主义和冷战思维，试图将本国抗疫不力、造成惨重损失而引发的社会矛盾，引向中国，将人类社会抗击新冠肺炎疫情的共同事业，纳入其维护世界霸权、建立新冷战的狭隘轨道之中。

为达目的，以美国为首的某些势力，围绕疫情起源等问题，千方百计地抹黑中国。他们不但公然否定中国付出巨大努力和代价赢得的抗疫成果，歪曲贬低中国为推动国际抗疫合作而做出的独特贡献，甚至企图污名化中国。而后，他们又不遗余力地鼓动所谓国际调查，试图以有罪推定的方式对中国“追责”。

由于这一切，国际抗疫合作的事业遭到令人痛心的干扰和破坏。对此，世界卫生组织总干事谭德塞在第七十三届世卫组织大会上委婉地指出：世界并不缺乏抗疫所需的工具、科学或资源，缺的是对使用这些工具、科学和资源的持续承诺。针对美国对国际抗疫合作事业的粗暴干扰和破坏，特别是对世卫组织的严厉打压，谭德塞特别强调，人类比以往任何时候都需要一个更健康、更安全、更公平的世界，因此比以往任何时候都需要一个更强大的世卫组织。

中国作为一个负责任的社会主义的发展中大国，始终秉持构建人类命运共同体这一崇高理念，应对这场突如其来的巨大挑战。2020 年 3 月 26 日 G20 特别峰会召开时，习近平主席即在发言中明确表示，重大传染性疾病是全人类的敌人。这一科学判断得到国际社会的普遍认可和认同。他针对全球疫情发展态势与合作抗疫的实际需要，提出了要打好新冠肺炎疫情防控全球阻击战、有效开展国际联防联控、积极支持国际组织发挥作用等一系列重大倡议，其中包括尽早召开 G20 卫生部长会议、开展药物疫苗研发与防控合作、探索建立区域公共卫生应急联合机制等具体主张。

为了落实国际社会在此次 G20 特别峰会上达成的共识，全面兑现中国对国际社会的庄严承诺，中国一方面始终着眼于维护本国人民的生命安全和生产生活，取得抗疫斗争阶段性成果后立即着手恢复经济，推动社会正常运转；另一方面，始终密切关注全球疫情发展态势，全力参与全球抗疫合作，推动世界公共卫生建设。中国不但一开始就与世卫组织保持密切沟通，及时通报疫情发展情况和我国所采取的各种措施，而且还在专业技术层面与美国保持了适当的沟通。通过大规模出口防疫物资、大量对外派遣医疗专家等方式，中国为世界各国应对疫情提供了实实在在的支持和帮助，同时也通过持续推进“一带一路”建设，为世界经济总体复兴做出独特贡献。

据不完全统计，自 2020 年 3 月初起至 5 月 6 日，中国通过市场化采购方式，向 194 个国家和地区出口了防疫物资。为了尽最大可能满足疫情极为严重的美国的需要，中方为美方提供了 66 亿只口罩、3.44 亿双外科手套、4400 多万套防护服、675 万副护目镜和 7500 台呼吸机。除此之外，中国还对外捐赠了大量医疗设备和防疫物资，其中包括对美捐赠的 960 多万只口罩、50 万盒检测试剂、30 多万双手套和 13 万多副护目镜。凡此种种，不一而足。

目前，新冠肺炎疫情仍在全球肆虐，人类社会仍未摆脱现实威胁。惊心动魄的“疫情阻击战”、困难重重的“经济复兴战”和烽烟四起的“舆论争夺战”，在全球范围内进行得如火如荼。面对这一严峻形势，5 月 17 日，习近平主席专门以“团结合作战胜疫情，共同构建人类卫生健康共同体”为题，对世卫组织第七十三届大会发表视频致辞，旗帜鲜明地提出了全力搞好疫情防控，发挥世卫组织领导作用，加大对非洲国家支持，加强全球公共卫生治理，恢复经济社会发展，加强国际合作六大建议，同时代表中国政府，又做出五项支持全球抗疫、推动世界经济复兴的郑重承诺，令悲观情绪笼罩下的国际社会为之一振。

习近平主席在致辞中，主张坚持以民为本、生命至上，科学调配医疗力量和重要物资，在防护、隔离、检测、救治、追踪等重要领域采取有力举措；主张加强信息分享，交流有益经验和做法，开展检测方法、临床救治、疫苗药物研发国际合作，特别切合当前全球抗疫的实际需要。他赞扬世卫组织领导和推进国际抗疫合作的重大贡献，主张国际社会加大对世卫组织的政治支持和资金投入；主张向公共卫生体系薄弱的非洲提供更多的物资、技术和人力支持；主张完善公共卫生安全治理体系，建立全球和地区防疫物资储备中心；主张在做好常态化疫情防控的前提下，有序开展复工复产复学，加强国际宏观经济政策协调，维护全球产业链、供应链稳定畅通，尽力恢复世界经济，等等。

习近平主席的这些建议和主张，特别是未来两年中国将提供20亿美元，用于支持国际抗疫斗争以及经济社会重建；中国新冠病毒疫苗研发完成并投入使用后，将作为全球公共产品，中国将同联合国合作，在华设立全球人道主义应急仓库和枢纽，以确保抗疫物资供应链等新的承诺，得到了国际社会的广泛赞许。对于呼声甚高的对病毒源头和传播路径进行调查一事，习近平主席也表达了非常开放的建设性立场，主张继续支持各国科学家开展全球性科学研究，并且理所当然地受到了国际社会的支持和响应。

习近平主席在致辞中提出的“人类是命运共同体，团结合作是战胜疫情最有力的武器”的新判断，对第七十三届世卫大会的日程与结果产生了重大而积极的影响。大会召开前夕某些势力针对中国蓄意制造的“山雨欲来风满楼”的紧张氛围，被成功破解；对中国进行“追责”甚至通过针对中国的“独立调查”决议的统一战线，最终被瓦解。在中国的积极参与下，世卫大会通过的决议明确认可和支持世卫组织的领导作用，呼吁会员国防止歧视性和污名化做法，打击错误、虚假信息，在研发诊断工具、诊疗方法、药物及疫苗、病毒动物源头等领域加强合作。这些重要内容符合中方立场和主张，也符合国际社会绝大多数国家的共同愿望和要求。

不言而喻，中国在走向全面民族复兴、走向世界舞台中心的历史进程中，无论过去、现在还是将来，始终不渝地坚持与世界同行、与时代同步。中国不会无端地制造矛盾、挑起冲突，但也不会无原则地妥协退让，容忍某些势力诋毁和诽谤中国，破坏中国发展利益和安全利益，危害人类社会走向命运共同体的历史进程。与此同时，中国将坚定不移地继续高举人类命运共同体的旗帜，坚定不移地继续坚守和平发展合作共赢的外交理念，毫不犹豫地恪守和履行自己所应承担的责任和义务，做出中华民族应有的努力和贡献。

总而言之，在疫情持续发展引发国际关系深刻变革、世界面临百年未有之大变局的情况下，中国共产党和中华民族不但能够并且善于为维护自身利益而趋利避害，同时也能够并且真正做到为人类共同进步事业而勇于担当！

（2）中国将成全球经济衰退之“稳定器”①

“全球经济在2009年之后再次出现衰退，已是大概率事件。”疫情之后，中国经济将率先实现稳定，并将对全球经济衰退起到“稳定器”和“踩刹车”作用。

---

① 本部分作者：张宇燕，中国社会科学院世界政治与经济研究所所长，中国社会科学院中俄战略协作高端合作智库理事，研究员。根据2020年4月7日中国新闻网采访整理，原标题为：《战“疫”建言录：张宇燕：中国将成全球经济衰退之“稳定器”》。

全球经济衰退幅度及持续时间将在很大程度上取决于各国对疫情的应对措施。疫情持续时间越长，受到的冲击就将越大。就目前形势而言，全球经济短期内将面临巨大压力；若各国措施及时得当，仍有望在年底实现复苏。

当下，疫情在全球范围快速蔓延，欧盟、美国、日本等纷纷进入疫情防控紧急阶段。张宇燕表示，疫情对世界经济的冲击最直接体现为全球价值链断裂。许多企业停工停产，大量订单被取消，而新合同难以为继，导致不同经济体之间的贸易和投资受到不同程度影响。

作为全球产业链中的重要一环，疫情之后中国的复工复产仍面临压力。当下，受全球贸易投资及上游原材料和中间供应商的影响，一些企业已实现“复工”，却难实现“充分复产”，尤其中小企业面临较大压力。

对企业而言“危”“机”并存，疫情管控期间，线上医疗、电子商务、线上办公、网络教育等数字经济实现增长，相关行业迎来新的发展机遇。

疫情对全球经济的冲击还涉及债务和货币问题。2020 年 3 月 27 日，美国总统特朗普签署美国史上最大的 2.2 万亿美元经济刺激法案，大量流动资金的注入，在短期内可稳定市场，但从中长期来看，对美国乃至全球经济都会产生巨大的未知影响。尤其对广大发展中国家而言，要警惕出现货币错配引发的货币危机乃至金融危机。

目前新冠肺炎疫情在中国已得到基本控制，但仍不能放松警惕，要继续严防严控。要尽快修复国内价值链，在投资和出口受到较为严重冲击的背景下，通过刺激消费来提振市场信心，拉动经济增长。

2020 年 3 月 26 日，中国国家主席习近平在 G20 特别峰会上指出，中国将为世界经济稳定做出贡献。面对疫情，中国采取了严格的管控手段，也付出了巨大的代价，为世界防疫做出了榜样与表率，提供了经验，体现了大国责任。作为世界第二大经济体，中国经济长期向好的基本面没有改变，将对全球经济衰退起到“稳定器”和“踩刹车”的作用。

这次疫情是人类面临的共同挑战，影响了整个世界的经济，人类命运共同体的价值理念再次得到体现，也在客观上为全球化进程提供了机遇。各国唯有加强合作，才能共渡难关。

（三）地区合作共克时艰

新冠肺炎疫情全球大流行，以及全球抗疫局面逐渐生成，再一次彰显了人类社会安危相依、命运与共的根本属性。世界各国应在抗疫合作中推进经济合作。中国要与相关各方一道共同努力，确保“一带一路”建设稳步推进；在政策沟通、舆情引导、民意营造等方面相向而行、密切协同、彼此配合，形成无比强大的正能量。

1. 携手抗疫意义重大①

2020 年的 G20 峰会，出人预料地于 3 月 26 日举行了一次特别会议，并且采取了前所未有的视频会议方式。据会议主席国沙特阿拉伯宣布，包括中国在内的相关各方同意召开此次峰会，目的在于“推动全球协调应对新冠肺炎疫情及其对经济社会的影响”。由于东道主和与会各方共同努力，峰会就疫情全球大流行以及国际社会联手抗疫达成重要共识，并且发表了联合声明。这不仅是当前国际关系剧烈变革、世界格局深度调整的标志性事件，从长远看，也是全球事务更趋复杂、人类文明曲折演化

① 本部分作者：于洪君，中联部原副部长、中国人民争取和平与裁军协会副会长。文章题目及来源：《联合抗“疫”：从全球合作到携手共治》，《人民论坛》2020 年 4 月上。

的一个重要里程碑。在这一背景下，如何认识人类社会的本质属性及其时代特点，如何参与这场史无前例的全球合作与应急联动，如何强化对外政策沟通与国家形象塑造，显然需要更加全面、更加深刻、更加理性的认识和思考，以采取更为坚实有力的措施和行动。

（1）疫情肆虐全球彰显人类社会休戚相关、安危与共的本质属性和时代特征

人类社会从来就是一个充满矛盾和冲突的对立统一体。在薪火相传、繁衍生息、走向未来的漫长进程中，人类社会各个组成部分之间、人类社会与其生存环境之间，总要出现这样或那样的问题和困难，有时甚至面临无法预见和应对的深刻危机与重大挑战。

目前肆虐全球的新冠肺炎疫情，无疑是第一次世界大战结束以来流行范围最广、危害程度最大的全球性公共卫生事件，甚至可以说是人类社会进入现代发展阶段以来遇见的一场最大浩劫。诚然，百余年来，随着人类社会科技水平的不断提高，世界各国特别是发达国家，医疗保健能力和公共卫生质量早已今非昔比，控制大规模传染病的方法和手段越来越多样化、现代化，但此次新冠肺炎疫情全球传播速度之快、感染面之大，远远超出了人们的预想，超出了国际社会的应对能力。根据有关方面资料，至 2020 年 3 月 31 日亦即 G20 特别峰会召开五天之后，新冠肺炎疫情已蔓延至全球 200 多个国家和地区。截至北京时间 2020 年 4 月 7 日 6 时左右，全球新冠肺炎累计确诊病例超过 134 万例，累计死亡病例超过 7 万例。美国新冠肺炎累计确诊病例全球最多，超过 36 万例，单日新增确诊病例数再次突破 2 万例达到 26676 例，累计死亡突破 1 万例。这说明，作为当今世界最大发达国家，医疗服务和公共卫生水平一向领先的美国，已成为名副其实的最大“疫情国”，而糟糕的是，其疫情还在持续恶化。

从全球角度看，此次疫情袭击没有“死角”，幸免于难的国家寥寥无几。正是由于这一点，2020 年 3 月 28 日，罗马教皇方济各破天荒孤独地现身于梵蒂冈圣彼得大教堂广场，冒雨祈祷。这位 83 岁高龄且有恙在身的老人异常痛苦地说：我们都在一条船上，大家彼此需要。虽然他使用的是宗教语言，但只有同心协力才能共克时艰的国际认识正在形成，这绝对是不争的事实。

新冠肺炎疫情此次全球大流行，以及全球抗疫局面逐渐生成，再一次彰显了人类社会安危相依、命运与共的根本属性，充分验证了习近平主席关于人类命运共同体理论构想、政策主张的真理性与适时性。他在 G20 特别峰会上做出的“重大传染性疾病是全人类的敌人”的科学判断，得到了国际社会的普遍认可和认同。这一论断对于我们和国际社会更深刻、更全面地认识当前疫情，积极主动地参与全球抗疫行动，具有重要指导意义。

（2）全球抗疫合作是战胜疫情的唯一途径

本次 G20 特别峰会，可以说是人类社会有史以来第一次真正携起手来，联合应对现实威胁、并肩对抗共同性挑战的动员大会、誓师大会。联合国、世界卫生组织等相关组织，以及西班牙、瑞士、新加坡等部分非 G20 成员领导人应邀参会，本身就体现了此次全球抗疫行动的广泛性与合作性。

此次 G20 特别峰会成功举办，标志着世界各国共同抗击新冠肺炎疫情的新局面开始形成。虽然个别国家和某些势力仍企图利用疫情蔓延制造冷战气氛，甚至企图将国际抗疫合作引向大国对立与冲突的歧途，但“大敌”当前，人类社会要求共克时艰、相互救助的健康意识和主流诉求，终究不可违逆。

沙特阿拉伯国王萨勒曼作为本次峰会主持人，一开始即呼吁世界各国特别是与会各方，对此次流行病做出有效与经过协调的回应，如为疫苗研发提供更多资金，尽快恢复正常货运与服务，协助发展中国家对抗疫情，等等。就此，峰会郑重承诺保护生命，采取一切必要的卫生措施抗击疫情，即时分享各种资讯以及共享研究所需要的资源，向全部有需要的国家提供帮助，协调公共卫生和财务措施。

此次新冠肺炎疫情突然在中国暴发，中国政府同样采取了与国际社会真诚合作的做法。中方无选择无差别地接受各国政府、国际组织、社会团体、民营企业、友好人士以各种方式表达的善意和援助，多次对此真诚感谢。此外，中国一开始即与世界卫生组织积极合作，及时向其通报疫情状况和中方采取的各种措施，同时接受世卫组织专家考察与指导。这种开放、透明、负责任的做法，得到了世卫组织高度认可和赞赏。中国还及时地向美国政府通报相关信息，与美方保持了适度的交流与合作。

特别需要指出的是，中国疫情防控形势刚刚趋稳，即开始对意大利、伊朗、韩国、日本、巴西等 80 多个国家提供多种形式的支持和援助，赢得世卫组织和国际社会的高度评价。G20 特别峰会召开时，习近平主席针对全球疫情发展态势与合作抗疫实际需要，重申：中方秉持人类命运共同体理念，愿同有关国家共同分享防控有益做法，对所有国家开放中国新冠肺炎疫情防控网上知识中心。他提出，要打好新冠肺炎疫情防控全球阻击战，有效开展国际联防联控，积极支持国际组织发挥作用。

中国政府一向言必信行必果。实际上早在2020 年 3 月中旬，在习近平主席与意大利、西班牙、塞尔维亚、巴基斯坦等国领导人通话前后，中方即已开始向这些新冠肺炎“重疫国”提供支持和援助，包括派遣医疗队到意大利、英国等国开展医疗救护活动、探寻卫生事业合作等。

G20 特别峰会开过后，除中国外，美国和意大利、英国等欧洲国家，日本、澳大利亚、新西兰等亚太国家，以及伊朗等防控能力相形见绌的许多发展中国家，形势越发严峻。在这种情况下，中国一方面不断加大物质技术和专业援助力度，另一方面开足马力，努力生产和供应全球抗疫急需的防护用品和相关器械。2020 年 3 月 27 日中美两国元首通话后，美方开始在中国大量采购防疫物资。华为公司等中国企业和社会组织对美捐赠趋于活跃。中美防疫合作出现新局面。

这里需要指出的是，当前全球抗疫合作的形式和内容是多种多样的。参与合作的相关各方往往要综合考虑许多因素，因国施策、酌情而动，既尽其所能，又得其所需。中国全力参与全球抗疫合作，自然也绝不是简单提供无偿援助一种形式，还包括信息交换、经验共享、药物研发、临床救护、公共卫生设施建设以及相互保护对方侨民安全等许多方面。

显而易见，无论形势多么复杂、任务多么艰巨，中国政府都将在全球抗疫合作中承担应有责任，履行相应使命。这一神圣意志和决心，不会有丝毫的犹疑和改变。世界各国，无论美国等发达国家还是伊朗这样的欠发达国家，都必须通过参与全球抗疫合作，借助人类社会的共同智慧和力量，才能最终摆脱新冠肺炎疫情的袭扰，取得这场带有世界大战性质的“历史大博战”的最后胜利。

（3）在抗疫合作中推进经济合作，确保“一带一路”建设稳步推进

此次新冠肺炎疫情全球流行，对各国人民的健康生活与生命安全造成了现实危害，同时还可能对人类生存与繁衍能力构成重大影响，这是无可争议的。在对付这个“恶魔”的过程中，各国不得不采取的非常措施，严重地干扰了社会的正常生活，打乱了经济的正常运转，世界经济关系、贸易秩序和人文交流，及人类的科技进步、现代化发展进程、经济全球化格局重塑，都遭受了令人始料未及的巨大损害。

国际社会普遍意识到世界经济形势的严峻性和贸易前景的不确定性。悲观失望情绪随着疫情在全球扩散，美国股市一度五次熔断。有些粮食出口大国甚至做出了禁止粮食出口以备粮荒的决定。面对这种形势，国际社会在开展抗疫合作时，还必须尽最大可能继续经济合作，将共同应对新冠肺炎疫情与协调组织生产结合起来，使抗疫合作与经济合作统一推进。为此，G20 特别峰会发出强烈信号，呼吁国际社会采取相应行动，尽快恢复商品和服务的正常流通，特别是重要医疗用品的流通，同时呼吁各国保护民众的工作与收入，保持金融稳定与恢复经济增长，最大限度地减少对贸易和全球供应链的干扰。会议承诺为全球经济注入至少 5 万亿美元，同时实行有针对性的财政政策、经济措施和担保计划，以抵销此次疫情带来的社会经济和财政影响。

就经济发展总体水平而言，中国目前仍是世界上最大的发展中国家。但因长期坚持对其他发展中国家提供政治支持和经济援助，中国在国际上早已享有“天然盟友”的良好声誉。1998 年亚洲金融风暴来袭，2008 年国际金融危机爆发，中国尽最大努力，为许多国家提供了必要的支持和援助。国际社会普遍认识到，现在的中国，不仅坚持继续帮扶广大发展中国家，同时也在为某些发达国家提供力所能及的支持和援助，实际上是在联手整个世界应对危机、共渡难关。近些年来，因积极而广泛地参与国际减贫活动，中国已成长为推动全球扶贫解困的中坚力量。中国的作用和贡献，可谓有口皆碑。

在此次 G20 特别峰会上，习近平主席建议国际社会加强宏观经济政策协调，共同维护全球金融市场和全球产业链、供应链稳定。这些建议如果能够成为世界各国，特别是包括美国在内的发达国家的具体政策，并且能不折不扣地予以执行，那么，通过全球抗疫加强经济合作，重建国际经济秩序，重塑世界经贸格局，打造更高水平的全球产业链、供应链，为完善全球经济治理提供新思路、积累新经验，并非没有可能。

2013 年中国倡导和推动的“一带一路”建设，历经五年多时间，在许多国家、许多领域取得了普遍受益且举世公认的重要成果。实践已经证明并将继续证明，“一带一路”不但是推动融合发展、联动发展的“中国策”，同时也是合作共赢互利共赢的新范式。“一带一路”持续发展，带动世界各国摒弃社会制度差异，超越意识形态纷争，最大限度地实现发展理念对接、政策法规对接、体制机制对接，对于改善全球治理，应对共同挑战，实现普遍进步与安全，功莫大焉。

然而，新冠肺炎疫情全球大流行势不可当，迫使各国政府，包括各种国际组织，不得不将行动重心转移到防控疫情上来，国际经济合作一段时间内不得不以合作抗疫为中心。“一带一路”建设受到了意想不到的冲击，而国内企业面临生产、流通、融资、用工、安全等方面困难和压力，走出去的能力和意愿相应下降，执行境外合同、履行责任和义务的能力也大打折扣。再加上许多国家已经无力继续推进大规模基础设施建设，“一带一路”新项目、新工程此呼彼应的状况难以再现。在这种情况下，美国和西方某些势力借机唱衰“一带一路”前景，歪曲“一带一路”建设本意，抹黑中国企业形象，挑拨中国与合作伙伴的关系，“一带一路”合作中的不可测因素和风险有所增大。

对此，我们要有清楚的认识，有足够的准备，要在资源配置、着力方向和政策引导方面，做出新安排，确保“一带一路”建设平稳推进。

鉴于全球抗疫形势依然严峻、世界经济联系断裂加剧，我国经济完全恢复正常尚需时日，因此推进“一带一路”建设，既要一如既往，砥砺奋进，百折不回，又要审时度势，因地制宜，趋利避害。其中最重要最核心的指导思想，就是要以2019年召开的第二届“一带一路”国际合作峰会精神为指引，坚持稳中求进总方针，在调整行为方向、优化项目质量、提高合作水平、化解意外风险、加强民心相通、服务公共卫生事业、总结推广先进经验等方面花大气力、下大功夫、做大文章。

“一带一路”建设是我国坚持打开国门搞建设的政策体现，是中华民族坚持与世界同行、与世界同步的意愿，理应在全球抗疫合作，以及由此引发的经济合作进程中发挥独特作用、做出独特贡献。

2020 年是中华民族决胜全面小康、实现伟大复兴目标的关键一年，也是国际社会开启新一轮经济全球化、推动全球治理朝着更加理性更加成熟的方向发展的重要一年。因此，新年伊始，习近平主席即在元旦贺词中庄严宣告：新的一年，“我们愿同世界各国人民携起手来，积极共建‘一带一路’，推动构建人类命运共同体，为创造人类美好未来而不懈努力”。

然而，不期而至的新冠肺炎疫情全球大流行，严重地扰乱了我们的总体部署和前进步伐，也打乱了人类社会的共同发展议程。联合国秘书长古特雷斯也就此表示，新冠肺炎疫情是该组织成立以来国际社会面临的最大考验。这一人类危机需要全球主要经济体协调一致，采取果断包容创新的政策行动，以及对最脆弱的人民和国家提供最大限度的支持。但目前人们看到的是，在全球防疫战如火如荼进行的同时，国家间的经济战和舆情战已经烽火遍燃。由此产生的以邻为壑、相互仇恨、彼此隔绝的“政治病毒”，以及制造并散布阴谋论的“精神瘟疫”等负面影响，与日俱增。

面对如此复杂和尖锐的国际形势，以及危及整个人类前途命运的现实挑战，包括中国在内的世界各国，都必须在政策沟通、舆情引导、民意营造等方面相向而行、密切协同、彼此配合，形成无比强大的正能量。唯有如此，人类社会命运与共的理念才能真正深入人心，全球抗疫行动才能形成风雨同舟的良性互助，世界才不会分裂为各自为战、离群索居、封闭发展的一个个孤岛。

2. 抗疫合作中的对外传播[①]

举世瞩目的2020年G20特别峰会，以普遍期待的“推动全球协调应对新冠肺炎疫情及其对经济和社会的影响”为主题，以视频会议这种前所未有的特别方式，于3月26日成功举行。由于本年度主席国沙特阿拉伯积极筹办，包括中国在内的相关各方大力支持，与会领导人就抗疫合作达成重要共识并发表联合声明，预示着国际社会团结协作、共同抗击新冠肺炎疫情的全球联动进入新的发展阶段。在这一背景下，到底如何认识这个突如其来并且肆虐全球的病魔，中国应当怎样参与这场前所未有的全球合作，对外宣传与传播又应当如何改进和加强，必须有更加清晰冷静的认识和思考，实施更加坚实有力的内外政策和行动。

（1）必须更深刻、更全面地认识和把握人类社会命运与共的本质属性

人类社会从来就是一个矛盾的统一体。在薪火相传、繁衍生息、走向未来的漫长进程中，人类各个不同组成部分之间，人类社会与其生存环境之间，总要出现各种困难和问题，总会面临可以预见和无法预见的危机与挑战。

目前肆虐全球的新冠肺炎疫情，无疑是百余年来流行最广、危害最大的全球性公共卫生事件，甚至可以说是人类社会面临的一场前所未有的生死浩劫。虽然世界各国在科技进步方面不断取得新的成果，人类社会的医疗保健和公共卫生水平已今非昔比，控制疫情传播的能力和手段普遍多样化和现代化，但此次疫情传播速度之快、感染面之大，超出人们的预料。它对世界各国政治、经济、文化和社会意识带来的深重危害，对世界

---

① 本部分作者：于洪君，中联部原副部长、中国人民争取和平与裁军协会副会长。文章题目及来源：《全球抗疫背景下的国际合作与对外传播》，《公共外交季刊》2020年第1期春季号。

经济一体化、国际关系民主化、全球治理现代化等现代文明议程造成的消极影响，特别是由此产生的以邻为壑、相互仇恨、彼此隔绝、制造和散布阴谋论的“政治病毒”和“精神瘟疫”所带来的负面影响，绝对不可低估。因此，综合地看，此次新冠肺炎疫情的危害程度，可能超出20世纪人类社会经历的任何一次疫情，包括一百年前的西班牙大流感。

根据世界卫生组织的资料，截至北京时间2020年3月27日，亦即G20特别峰会召开后第二天，新冠肺炎疫情已蔓延至全球199个国家和地区。根据新冠肺炎疫情实时大数据显示，美国新冠肺炎确诊病例此时已累计超过10万例，累计死亡1706例，这说明，作为世界最大经济体的美国，已超过中国成为第一大“疫区”。欧盟成员国意大利、德国、法国、西班牙以及刚刚退出欧盟的英国，东北亚地区经济和科技均较发达的日本和韩国，伊斯兰世界的重要国家伊朗等，都成了灾难深重的“疫情大国”。意大利、西班牙等国的病死率竟超过10%！从全球角度看，此次疫情袭击几乎没有“死角”，幸免于难的国家寥寥无几。

为了阻断新冠肺炎的传播，防止疫情持续蔓延，保护本国人民的生命安全，包括中国在内的许多国家相继采取了对内断路“封城”、禁绝社交、停工停产，对外关闭边界、中止人流、停止货运等极端措施。人类社会从来没有像今天这样，为防控大规模传染病而陷入自我瘫痪的半停摆状态。在这种形势下，中国新冠肺炎疫情暴发初期采取的那些曾被视为极端行为并且遭到攻讦的超常规措施，已陆续被世界上许多国家所借鉴效法。同样，许多国家在中国疫情暴发时采取的封关断航、撤走侨民、中止人员交往的极端措施，中方迫于防控疫情需要，后来也不得不采取对应性行动。

显然，各国政府所做的这一切，没有什么政治意图和意识形态因素，有的只是安全考量，目的都是断绝疫情的传染源，将可能发生的危害控制在最低限度。也正是由于各国纷纷采取别无选择的极端措施和手段，世界经济受到意想不到的重创。各国人流物流突然中断，服务业、制造业大幅萎缩，继之而来的是全球产业链、供应链大面积断裂，期货市场与股市大幅度震荡，本来就脆弱不堪的世界经贸秩序和国际金融格局进一步趋向崩塌。越来越多的专家预言，世界可能因此次疫情而遭遇比 20 世纪 20 年代末的大萧条更为惨烈的经济危机。

中华民族对于人类社会安全与发展利益密切交织、前途与命运彼此相关的本质属性和时代特点，早就有了与时俱进的新认识和新思考。进入 21 世纪以来，中国官方文件频繁出现“人类命运共同体”的新提法，用以强调中国发展利益、安全利益与世界各国发展利益、安全利益的关联性和一致性。

2013 年 3 月，习近平主席出访俄罗斯时在莫斯科国际关系学院发表演说，更加明晰和透彻地阐述了他的新时代观和新世界观。他指出，我们所处的是一个风云变幻的时代，面对的是一个日新月异的世界，在这个时代和世界，“各国相互联系、相互依存的程度空前加深，人类生活在同一个地球村里，生活在历史和现实交汇的同一个时空里，越来越成为你中有我、我中有你的命运共同体”。

此后，习近平主席在许多场合一再呼吁和反复强调打造人类命运共同体的极端重要性和紧迫性。2017 年 1 月，他在联合国日内瓦总部万国宫，专门以“共同构建人类命运共同体”为题发表演说。他指出：“人类正处在大发展、大变革、大调整时期，各国相互联系、相互依存，全球命运与共、休戚相关；人类正处在挑战层出不穷、风险日益增多的时代，包括重大传染性疾病在内的安全威胁持续蔓延，中国的方案就是‘构建人类命运共同体，实现共赢共享’。”

（2）参与并推动全球抗疫合作是我国义不容辞的大国责任和历史担当

由于社会发展水平和组织动员能力等各方面因素，人类社会在遭受大规模传染病袭击，或者遇到无法预测和无法抗拒的自然灾害时，某些部分或群体常常显得无能为力，寻求外部支持和帮助理所当然，外部力量尽最大可能施以援手也是天经地义。这也符合人类社会所固有的人道主义本质和品格，符合大难关头必须和衷共济的永久诉求。

新冠肺炎疫情目前仍在全球持续蔓延，除中国疫情控制整体形势继续向好以外，美国和欧盟许多国家、伊朗等一大批发展中国家的疫情控制形势仍相当严峻，这已是国际社会普遍公认的事实。虽然个别国家和某些势力企图利用疫情蔓延制造“冷战”气氛，甚至企图将国际抗疫合作引向大国对立与冲突的歧途，但大敌当前，人类社会要求共克时艰、相互救助的健康意识和主流诉求，归根结底是不可违逆的。此次 G20 特别峰会的成功举办，标志着世界各国共同抗疫的格局正在加速形成。

沙特阿拉伯国王萨勒曼作为本届特别峰会主持人，一开始即明确表示，“我们一定要对此流行病作出有效与经过协调的回应，恢复对全球经济的信心”。他呼吁世界各国，特别是与会各方为疫苗研发提供更多资金，尽快恢复正常的货运与服务，协助发展中国家对抗疫情。包括中国在内的相关各方均意识到，G20 必须发出强有力的信号并采取相应行动，尽快恢复商品和服务的正常流通，特别是重要的医疗用品的流通。

就此，本次 G20 特别峰会做出如下承诺：保护生命，保护民众的工作与收入，保持金融稳定与恢复增长，最大限度地减少对贸易和全球供应链的干扰，向全部有需要的国家提供帮助，协调公共卫生和财务措施。会议郑重承诺，要采取一切必要的卫生措施抗击疫情，即时分享各种资讯以及共享研究所需资源，各方将为全球经济注入至少 5 万亿美元，实行有针对性的财政政策、经济措施和担保计划，抵消此次疫情带来的社会经济和财政影响。

对于人类社会面对共同灾难和挑战实行精诚合作，中华民族和中国政府历来秉承坦诚开放、积极参与的建设性立场。1949 年中华人民共和国成立前后，中国东北、华北地区突然鼠疫流行，人民群众的生命和健康受到极大威胁。毛泽东当时亲自致信苏联领导人，要求提供紧急药品，如疫苗等防控物资，同时要求派遣医疗卫生专家前来指导。这一要求很快得到满足，疫情恶性传播的势头也很快得到遏制。

此后数十年来，除 20 世纪 70 年代唐山地震时因特定情况未能接受国际救助外，其余的历次重大灾难发生时，中方总是开诚布公地向国际社会陈明事发原委与相关损失，并且在情况需要时适度接受外部援助和支持，与国际社会开展必要的相关研究，共同分享相关经验和成果。2003 年抗击非典疫情、2008 年汶川抗震救灾，中国政府与国际社会的合作不仅非常成功，甚至可以称为经典范例。

同样，正是由于长期恪守济世达人的中华民族优良传统，努力奉行命运与共的现代国际政治思维，无论世界上任何国家、任何地方遇到困难或者灾情，中国都会挺身而出、慷慨解囊。半个世纪以来，中国坚持派遣数万医护人员组成医疗队，奔走于非洲大陆各个角落救死扶伤，在世界上传为永久佳话。近年来，中国又与世界卫生组织积极合作，联手美国等卫生防疫较有经验的国家，共同抗击肆虐非洲的埃博拉病毒，谱写了国际抗疫合作的新篇章。凡此种种，有目共睹，不一而足。

在经济上，尽管中国并不发达，但在国际上早就享有对发展中国家“乐善好施”的良好声誉。近些年来，中国因积极而广泛地参与国际减贫活动，成长为推动整个人类社会扶贫解困的重要力量。1998 年亚洲金融风暴来袭和 2008 年国际金融危机爆发，中国也都尽自己最大可能为相关国家提供支持，帮助他们战胜困难、渡过难关。中国的作用和贡献，无论当时还是现在，均可谓有口皆碑。

此次新冠肺炎疫情暴发，中国同样采取了与国际社会合作抗疫的建设性做法。首先，中方无选择、无差别地接受了世界各国政府以及国际组织、社会团体、民营企业、友好人士以各种方式表达的善意和援助，并且一再真诚地表达了谢意。其次，中国一开始就与世界卫生组织开展积极合作，及时通报疫情发展情况和中国政府为此采取的各种措施，得到世界卫生组织的高度认可和赞赏。中国同时也向特别关注此次疫情的美国政府，及时通报相关信息，保持适度交流与合作。此外，特别需要指出的是，中国疫情防控形势刚刚趋稳，即开始向意大利、伊朗、韩国、日本、巴西等80多个国家提供实质性支持和援助，赢得世界卫生组织和国际社会的高度评价。

在国际社会期待甚高的这次G20特别峰会上，习近平主席针对目前全球疫情态势和国际合作状况，再次重申："中方秉持人类命运共同体理念，愿同有关国家共同分享防控有益做法。"就此，他提出如下四点建议："坚决打好新冠肺炎防控全球阻击战，有效开展国际联防联控，积极支持国际组织发挥作用，加强宏观经济政策协调。"这四点建议，包含一系列很有操作性的具体主张，如：尽早召开G20卫生部长会议，开展药物疫苗研发与防控合作，各国携手拉起最严密的联防联控网络，中国新冠肺炎疫情防控网上知识中心向所有国家开放，探索建立区域公共卫生应急联合机制，适时举办全球公共卫生安全高级别会议，共同维护全球金融市场和全球产业链、供应链稳定，等等。

当天，习近平主席还复信世界卫生组织总干事谭德塞，向他表示："人类是一个休戚与共的命运共同体。国际社会应守望相助，同舟共济。我们愿同世界卫生组织及各国一道，为维护全球公共安全作出贡献。"显而易见，无论形势多么复杂、斗争多么艰巨，中国政府和人民在全球抗疫合作中承担应有责任、履行相应使命的意志和决心将愈加坚定，而不会有丝毫犹疑和动摇。

（3）新形势下的对外传播要注重抗疫合作与发展合作两大重点

此次新冠肺炎疫情全球性大流行，凸显了人类社会安危与共的根本属性和时代特点。一方面，国际社会对于强化人类命运共同体意识的必要性，通过广泛深入的多领域合作走向共同安全进而实现共同发展的紧迫性，有了更加深切的认识和感受。另一方面，国际抗疫行动总体形势的严峻性、复杂性和多变性，也远远超出了人们的想象和预判。

目前，国际舆论场上云谲波诡、异影婆娑。一方面，美国和西方某些势力借疫情在中国暴发而大肆污名化中国，对中国为防控疫情而采取的各种措施说三道四，甚至无中生有地编造谎言，把各种污水泼到中国政府和中国人民头上，不遗余力地抹杀中国抗疫经验，力图抵消中国对全球抗疫合作的积极影响。整个国际关系，特别是中美关系，被美方搞得剑拔弩张。双方竟然走到相互驱逐对方记者的地步，这是中美建交四十年来从未有过的。

另一方面，由于新冠肺炎疫情全球流行，各国防控措施不断加码，人流、物流严重阻断，全球产业链、供应链已变得支离破碎。参与“一带一路”建设的中方企业执行已签合同、履行合同义务的能力大打折扣，有些项目严重拖延甚至被取消。各种有关务实合作的宣介活动，包括招商研讨会展，均无法举行。在这种形势下，美国和西方某些势力唱衰“一带一路”，抹黑中国企业，挑拨中国与合作伙伴的关系力度增大。

有鉴于此，现阶段我国对外传播的工作重心和着力方向，自然而然地对准全球抗疫合作这一核心领域。境内外各类传播机构，要妥善运用各种传播手段，反复陈述一个道理：事实已经证明并将继续证明，大规模传染病传播从来不分民族和种族、不分区域与国别，当前肆虐全球的新冠肺炎疫情也不论社会制度和意识形态。任何国家如果应对失策，不论发展程度如何，都可能被完全攻陷。整个人类如果不齐心协力，各自为战甚或不战而降，人类社会健康繁衍的能力可能严重受损。面临大灾大疫，世界各国除了捐弃前嫌、共克时艰、相互救助、联合行动，没有其他出路。要理直气壮、毫不含糊地向各方阐明：中国政府和人民抗击新冠肺炎疫情的成就与经验，不容诋毁；中华民族为全球抗疫合作付出的努力和贡献，不容歪曲！

与此同时，我们的对外传播仍然要大力宣介“打开国门搞建设”的基本国策，大力宣介“合作发展、共赢发展、联动发展”的对外政策主张。要在国家领导人持续推进政策沟通、努力厚植互信根基的大前提下，积极而有效地利用各种传播工具和手段，深入浅出、细致扎实地继续做好有关“一带一路”的宣介工作，使整个国际社会，尤其是我们的合作伙伴，相信我们的决心和意愿，信服我们的实力和能力。对于个别因不可抗力原因无法持续和进行的项目，要通过政策沟通与舆论引导相辅相成的工作手段，做好释疑解惑和善后事宜。

2020 年是人类历史上极不平凡的一年，也是中华民族实现全面复兴、走向世界舞台中心过程中遭遇最大挑战的一年。新年伊始，千头万绪，习近平主席在元旦贺词中表示：“我们愿同世界各国人民携起手来，积极共建‘一带一路’，推动构建人类命运共同体，为创造人类美好未来而不懈努力。”

当前和今后的一段时间内，中国与外部世界的互动可能面临更加复杂的新形势，国内国外两个工作大局必将面临更加艰巨的新任务。但无论如何，中国需要世界和世界需要中国的历史大势不会改变。我们的对外传播必须坚持和平发展、合作共赢的中国特色大国外交理念，既要适应当前全球抗疫的新形势、新特点，又要服务于推动建立人类命运共同体，进而服务于实现中华民族永远与时代同步、永远与世界同行的总目标和总任务。

三　中国与欧亚国家的医疗卫生合作

新冠肺炎疫情在欧亚国家暴发后，各国疫情蔓延迅速。本章梳理欧亚国家疫情发展情况，抗击疫情采取的防治措施，疫情对各国经济与社会的冲击，以及中国与欧亚国家的抗疫合作。疫情暴发以来，中国与欧亚国家相互支援，在政府、企业、民间团体、公益组织等各个层面积极互助，华人华侨也无私奉献力量。欧亚国家在中国疫情严重之际提供医疗物资，在中国疫情缓和之后，欧亚国家疫情开始恶化，中国向欧亚国家提供了医用口罩、防护服、检测试剂等大量医疗防护设备和用品，派遣医疗专家组分享抗疫经验。

（一）欧亚国家新冠肺炎疫情及影响

1. 俄罗斯

自 2020 年 1 月底开始，俄罗斯采取及时有效的防控措施，防止新冠肺炎疫情从“东线”（即中国）输入，效果显著。然而“西线”的失守，即自欧洲国家进入的病毒直接导致了俄罗斯疫情在 4—5 月全面暴发，直至 5 月下旬才度过高峰并渐趋稳定。截至 2020 年 8 月 29 日，俄累计确诊病例 990326 人，累计治愈 806982 人，累计死亡 17093 人。疫情对俄罗斯政治、经济均产生影响，尤其是经济领域疫情与石油两大危机构成叠加冲击。

（1）**疫情发展**①

2020 年 1 月下旬及整个 2 月，俄罗斯防疫工作的重点是避免疫情的东面输入。自 1 月 31 日起关闭了远东地区中俄边境 25 个过境点中的 16 个，且从 2 月 4 日起仅保留莫斯科谢列梅捷沃机场作为中国入境俄罗斯的空港口岸；从 2 月 20 日起临时禁止持工作、私人访问、学习和旅游签证的中国公民入境。严密的防范措施取得初步成效，这一阶段仅在外贝加尔边疆区和秋明州发现两名新冠肺炎患者。

然而，来自欧洲的输入病例令俄罗斯始料未及，并直接引爆了俄罗斯国内疫情，3 月和 4 月是传入期和扩散期。3 月 2 日，俄罗斯发现首例俄罗斯人感染新冠病毒病例，患者曾前往意大利。其后，新冠肺炎感染者在俄境内陆续出现。俄罗斯采取了外防输入、内防传播的政策。一方面，暂停运行包括定期航班和包机在内的所有国际航班，仅执行撤侨航班；临时关闭陆地边境。另一方面，实行带薪休假制度，鼓励公民居家隔离，引入电子通行证制度以管理公民出行。

5 月是俄疫情暴发流行期，疫情进一步恶化，进入日增万例的高峰期，并于 5 月 11 日达到日增 11656 例的峰值。其后，俄单日新增病例开始下降，并从 5 月下旬起步入高位平台期，单日新增确诊病例数呈现出周期波动、螺旋下降的态势。随着疫情逐渐得到控制，也迫于经济下行的巨大压力，自 5 月 12 日起结束带薪休假，开始逐步解禁。防疫策略从最初的“严防死守”转向“风险管控”。6 月疫情开始好转，单日新增确诊病例从

---

① 本部分作者：杨子桐、任治亚、潘婕，上海外国语大学欧亚文明特色研究生班硕士研究生、上海全球治理与区域国别研究院研究助理。刘磊，中国石油技术开发有限公司中亚项目部高级主管。本部分为教育部人文社科重点研究基地重大课题“上海合作组织的中长期前景研究”（项目批准号：11JJDGJW011）和上海市社会科学界联合会所属学术团体 2020 年度合作项目“新冠疫情与欧亚地区治理转型”的阶段性成果。

9000 余例降至 6000 余例，但风险管控策略下较为宽松的防疫规定和民众逐渐松懈的防范意识给防疫工作带来巨大压力。

（2）疫情对俄罗斯政治的影响①

在普京总统直接领导下，俄举国抗疫，官方防控措施不断加码，已两次延长全国放假时间。与此同时，持续低迷的国际原油价格令俄经济雪上加霜。普京的当务之急是，带领俄走出疫情与石油两大危机的叠加冲击，减少经济衰退对既定战略部署和发展目标的影响。

在国际政治研究领域，已有学者使用“疫情政治学”术语来描述疫情和政治的关系。疫情政治学聚焦三大研究议程：一是生存；二是具体防控措施；三是各国应对方式的差异。

内外形势的剧变对俄罗斯的国家议程产生了深刻影响。2018 年，普京开启第四个总统任期，面临确保政治稳定和促进经济增长的双重压力。如果说 2018 年俄国家议程的“关键词”是“双 70”（确保当年总统大选投票率和普京首轮得票率都超过 70%），2019 年是“应对挑战”，那么当前，在疫情蔓延导致全球“停摆”的情况下，俄国家议程与外部世界高度共振。摆在第一位的是“生存”——维护国民生命安全。避免经济崩溃是“生存”的另一重要方面，与维护生命安全等量齐观。国际劳工组织估计，若病毒严重扩散，俄失业率将骤增，失业人口从 350 万人增至 480 万人。俄联邦工商局估计，若疫情拖延下去，近 300 万企业主可能破产，而一旦这种情况发生，将有 860 万人涌入劳动力市场（目前俄中小企业容纳了 1530 万人就业，占全国就业人口的 21%）。石油天然气企业的收入降幅大致是 50%，其他行业可能下降 10% 到 20%。俄储蓄银行预测 2020 年

① 本部分作者：庞大鹏，中国社会科学院俄罗斯东欧中亚研究所副所长，中国社会科学院中俄战略协作高端合作智库理事，研究员。文章题目及来源：《俄罗斯总统普京的“疫情政治学”》，《世界知识》2020 年第 10 期。

俄国内生产总值（GDP）较上年相比将下滑4.2%。

就第二项议程而言，因为全球疫情何时退去尚难预测，现在无法评估各国的抗疫举措孰优孰劣。疫情治理考验的是国家、社会和个人三个层面的配合。对各国政府来说，疫情是一次“压力测试”，政府的治理模式和效率面临前所未有的考验。俄是高度集权的“总统制”国家，具有能集中、优化政治资源进行国家治理的特点，此前处理国内各种突发事件均较高效。年初疫情在中国暴发后，俄高度重视，及时采取了关闭中俄陆路边界、管制航空交通、停发签证等措施，但由于其对欧美疫情缺乏认知，加上国民防疫意识淡薄，最终没能躲过疫情暴发。俄专家学者已在反思，现有观点表明，俄疫情防控机制建设将从四个方面加以完善：加强政治领导力，其有效性和强力性将成为俄在广袤国土面积上消除任何疫情的决定性因素；确保社会动员力，在联邦和地方州两级主体层面对全国资源进行高效自如的调配；实现公共领域尤其是民生领域信息的公开透明；推进大数据和人工智能等新技术应用。

就第三项议程而言，世界各国应对疫情的思维和行为方式具有明显的价值和地域差异，西方有观点认为这背后反映的是制度与文化博弈，不仅涉及“身份政治”问题，也引发对政治权威与稳定、国家与个人、全能型和有限型政府等问题的思考。俄没有照搬中国和西方的任何一种抗疫模式，而是结合自身国情采取了介乎全能型政府与有限型政府之间的抗疫策略，试图在国家、地方、个人三者间建立互融互促机制。2020年4月1日，普京签署总统令，赋予政府在国内实施紧急状态的权力。4月2日，普京赋予各联邦主体自主治理疫情的权限。这关键两步便是俄走“中间路线”的例证。俄政府明白，只有把公民自觉、地方因地制宜与国家宏观协调更好地协同在一起，才能有效挫败重大疫情。

新冠肺炎疫情对俄既定战略部署构成冲击。2020年是普京执政 20 周年。2019 年下半年，俄官方开始有意识地宣传普京的业绩。借助宣传声浪，普京力推修宪、调整内阁等重大举措，俄官方也配合宣告，普京 1 月发表的国情咨文“具有划时代意义”，俄“进入实施突破性发展战略的新时期”。

“突破性发展战略”具有如下特点：一是建立面向未来的领导体制。修宪让普京进退自如，进可继续当总统，长期执政，退可不受限于 2024 年这个敏感时点，适时从容确定接班人。二是执政重点从国际转回国内，聚焦俄各地区的经济社会发展。三是抓住国家复兴发展面临的“机会窗口”。在普京看来，俄已在国际格局“第一梯队”中站稳脚跟，自身安全有了可靠保障，需弥补在 2014 年克里米亚“回归”后错失发展“窗口期”的遗憾，以 2020 年为新起点进一步振作起来，完成“突破性发展”、巩固大国地位的战略任务。

然而，这些规划被疫情打乱，俄经济和社会跌回到危机边缘。修宪全民投票已推迟，但不会晚于 9 月的地方选举。全民投票本来就不具法律约束力，只是对普京的一次信任投票。从目前各项民调看，俄民众担心内外形势继续恶化，需要政治强人稳定局面，半数以上支持修宪没有悬念。

普京并未就俄该如何一边抗疫一边保“突破性发展战略”明确提出调整方针。但是，“统一俄罗斯”党主席梅德韦杰夫 2020 年 3 月 24 日与各地方党组织书记候选人见面时表示，在疫情蔓延的背景下，“国家专项规划似乎已偏移到热点议题之外，但其重要性不减，因为这是国家未来几年发展的关键……我们应落实国家专项规划，它将使我们更快地摆脱困难”。这代表了俄高层的真实想法：只有维护经济社会发展才能确保政治稳定，为普京保驾护航。

新冠肺炎疫情属于全球大流行病，是不可抗力造成的，普京领导下的俄政府一直积极部署防控措施。同时，俄也具备熬过危机的传统生存方法，遍布于城乡之间的“达恰”（乡间别墅和木屋）是老百姓的“秘密武器”。据估计，俄6300万个家庭（其中4000多万个位于大城市），拥有超过2000万所“达恰”（即别墅），基本可在经济危机时保温饱、疫病流行时供避难。新冠肺炎疫情对俄政治也暂未造成实质性冲击。全俄舆论中心近期民调显示，支持普京总统任期清零的民众比例、对总统信任指数、对政府信任度等指标都在增加。

普京面临的真正问题是，疫情过后俄将何去何从。俄所处的外部环境是一个观察视角。目前有一种看法认为，疫情将此前各国深度分工、相互高度依赖的全球经济结构的内在脆弱性暴露无遗，冷战后由资本的逐利性和制度规则的一致性保障的这一轮全球化行将终结。美国特朗普政府力求借助此次疫情打破国际供应链，使就业岗位回流美国。今后有可能基于不同规则和标准，以欧美日的市场经济体制为一方，以中国特色社会主义市场经济体制为另一方，形成新的经济全球化局面。由于市场不完善，且经济结构过度倚重能源出口，俄本就长期处于经济全球化边缘，若未来经济全球化出现不均衡分化局面，俄该如何选择？怎样摆脱“有稳定无发展”的尴尬？又会对中俄关系产生什么样的影响？这恐怕才是值得普京及俄各界思考的大问题。

（3）疫情对俄罗斯经济的影响①

疫情和油价双重冲击使俄经济下行压力增大，打乱了俄政府经济政策原有布局，其重心不得不从拉动经济增长转到遏制疫情蔓延和防范经济危机上来。俄官方预测，2020年俄GDP可能出现3%左右的衰退。俄“国家评级机构”指出，俄经济部门在疫情期间的总损失或达2390亿美元。

① 本部分作者：徐坡岭，中国社会科学院俄罗斯东欧中亚研究所俄罗斯经济室主任，中国社会科学院中俄战略协作高端合作智库理事，研究员。文章题目及来源：《俄罗斯会爆发新一轮经济危机吗》，《世界知识》2020年第9期。

首先，疫情尚未引发系统性经济危机。经济危机一般指在生产过程中周期性爆发的生产过剩危机，表现为商品大量积压、生产锐减、大批工厂倒闭、大量工人失业、信用关系严重被破坏、整个社会经济陷入瘫痪之中。在现代经济中，经济危机往往表现为金融危机。用这些标准衡量，俄目前正在发生的衰退算不上典型的经济危机，与1998年、2008年、2014年的三次危机更有本质区别。

1998年俄罗斯金融危机是一次国家信用违约导致的货币汇率危机。1998年8月，俄央行宣布无法偿还到期债务，致使卢布汇率暴跌。同时，由于俄生活必需品高度依赖进口，在对外贸易完全放开和卢布可自由兑换的情况下，俄发生了严重输入性通胀，再生产过程被破坏。但由于是纯粹的金融冲击，俄经济在1999年即实现反弹。

2008年的危机是企业私人债务积累引发的资产负债表危机。2008年之前，俄经济高速增长，但国内金融资源供给不足、价格昂贵，企业因此从欧洲借入大量债务。在美国次贷危机冲击下，俄发生大规模资本外流，导致企业资金链纷纷断裂，陷入债务和金融危机，此后俄经济在2010年走出低谷。

2014年的危机是过度依赖能源出口导致的经济结构性危机、乌克兰危机引发的西方制裁、油价暴跌三重因素叠加引发的综合性危机。由于危机形成因素复杂，俄这一次恢复得也很慢。

俄目前正在发生的衰退是由于居家隔离等防疫举措施行导致的生产和消费停顿，并非企业资产负债表、供给过剩危机。俄经济增长势头现已中断，原先预计的国家项目框架下的大规模投资也停了下来，但其发生严重经济危机的可能性很小。这是因为，俄能源原料和制造业上游产品的竞争力很强，2014年后通过进口替代政策实现基本生活消费品的自给，其依靠内循环当能保证正常运转。经过增值税和养老金改革，俄在财政结构、社会保障等方面都比过去更具韧性，能抵御更大冲击。

其次，基本面尚可但隐患不低。由于经历过20世纪90年代的“转型性”经济衰退和1998年、2008年的金融危机冲击，近年来俄一直对外部风险保持高度警惕，把经济稳定和安全置于增长之前，对外部风险冲击的“免疫力”明显提高，并逐渐积累起应对各类经济风险的经验。近十年来，俄奉行保守的财政和货币政策，正是“警惕性”的表现。

目前，俄经济基本面尚好。国际储备充足，2020年3月上旬达到5810亿美元，基本恢复到2007年的历史最高水平。2015年1月，俄实行卢布汇率自由浮动，较好地化解了油价下跌导致的外部冲击和输入型通胀风险，避免了被迫动用外储干预汇市。2018年后，俄重新实现财政盈余，并始终保持在3万亿卢布以上水平，占GDP比重超过3%。俄央行致力于控制通胀，国内通胀率在较长时间内维持在4%以下。俄央行还对规模本就不大的证券市场投机性资本流入流出加强了监管，同时严管商业银行经营合规性。目前俄商业银行数量只有400多家，消减银行的数量主要是为了去杠杆，因此当前俄金融体系基本不存在系统性风险。俄对长期低油价态势有较充分准备，2019年10月俄财政部发布的《2020—2022年预算、税收和关税的主要方向》预测了油价降至25—30美元每桶的国家财政运转状况并提出相关应对措施。2020年4月9日，俄财政部发表声明称，在25—30美元每桶的油价条件下，现有规模的国家福利基金可在六至十年间弥补财政收入缺口，满足财政预算支出需求。

但也要看到，俄经济运行的内在风险不低，主要表现在财政和家庭债务两个方面。在遏制疫情和稳就业财政支出大幅增长的情况下，俄财政资源和国家福利基金在快速消耗，国际油价的变动使得俄财政状况更加捉襟见肘。俄2020—2022年中期预算平衡点的预期石油价格为乌拉尔原油42.4美元每桶。目前国际油价已跌至20美元每桶以下，超出之前俄25—30美元每桶的预案。尽管俄等非欧佩克产油国与欧佩克于4月10日达成初步减产协议，但面临执行障碍。同时，由于全球很多国家经济运行“休克”，石油需求被抑制，上述临时减产协议一时难以有效推动油价回升，短期内回到40美元每桶更不可能。若俄财政资源能支撑到年底并找到新的补充渠道，其经济风险等级当可维持，但在西方制裁和国内金融资源有限的情况下，俄降低财政风险的能力不足，政策工具也很有限。

俄社会消费领域积累了比较严重的家庭债务风险。2018年，俄国内生产总值（GDP）增速超过2%，提振了居民的消费信心和支出水平。2019年居民消费信贷增长非常快，这其中，约1.7万亿卢布的最终消费是由消费贷款支付的。因此，俄面临着储蓄减少（63.6%的家庭没有储蓄）和消费信贷总额快速增加的问题。目前，从俄债务结构来看，国家主权债务占GDP的比重不超过2%，全口径政府债务2019年占GDP的比重为17.3%，企业债务杠杆处于历史低位，风险较小，但俄居民家庭私人债务水平目前处于高位，疫情冲击导致经济停滞，失业率持续升高，若积累到一定程度，将引爆家庭消费信用风险。

就汇率和主权货币信用风险看，卢布兑美元汇率从2020年2月初的65卢布兑1美元下跌到3月底的82卢布兑1美元。但这次贬值是油价暴跌单一冲击造成的。与2014年相比，无论从资本项目状况、经常项目状况还是国家信用水平等角度看，卢布都没有大幅贬值的基础，未来一段时间俄汇率风险总体可控。

最后，两大类措施积极应对。为了应对困局，俄政府出台了两大类措施：一是修正预算，为防疫提供财政支持。这包括，动用国家福利基金弥补预算资源，制定投资支持法案，拨付特定财政款项（先期3000亿卢布），实行进口药品零关税，预留1.4万亿卢布用于防疫和预防危机，调整税制，为防资金外流规定100万卢布以上存款征收13%个税、境外股息和利息收入缴纳15%税款，等等。二是扩张性和扶持性货币政策。为了稳定卢布汇率，俄央行自2020年3月9日起不在国内市场购买外汇，并计划执行四次回购、每次回购5000亿卢布的操作，要求商业银行对流动性困难的企业和家庭给予定向支持。

这些措施无法阻止生产和消费停顿，但却能起到稳定社会生活、防止社会危机和经济严重萧条的效果。俄经济最终何时走出衰退，还要看疫情控制得怎么样。应该说，俄经历了较长时间的外部制裁，其经济金融化程度低、自给自足能力强，在世界经济面临严重危机时还是更能表现出一定韧性的。

2. 乌克兰、白俄罗斯、摩尔多瓦①

（1）疫情发展

自2020年3月3日乌克兰国内出现首例新冠肺炎确诊病例以来，在“内防扩散，外防输入”方面出台了系列措施，但从防控结果来看，防疫政策本身存在缺陷，政策落地过程中的层层阻力及民众日益松懈的防疫意识等等，导致疫情反复恶化。截至2020年8月18日累计确诊病例94436人。疫情发展速度仍在不断加快，乌克兰整体迈出高位平台期还需要时间。8月以后，乌克兰多地步入经济社会“重启”阶段，中央政府和地方政府均开始探索逐步放松防控措施的方案，由全面防疫转向抗疫与恢复经济并举。

自新冠肺炎疫情暴发以来，白俄罗斯便一直与世界多国格格不入，其另类防疫模式引起全球热议。白俄罗斯总统卢卡申科“与其跪着生，不如站着死”“全球性防疫是精神病”等言论多次激起舆论热议，一路攀升的确诊病例数也引发邻国担忧。

---

① 本部分作者：向子悦、刘依、柴璐，上海外国语大学欧亚文明特色研究生班硕士研究生，上海全球治理与区域国别研究院研究助理。本部分为教育部人文社科重点研究基地重大课题“上海合作组织的中长期前景研究”（项目批准号：11JJDGJW011）和上海市社会科学界联合会所属学术团体2020年度合作项目“新冠疫情与欧亚地区治理转型”的阶段性成果。

白俄罗斯疫情发展总体而言具有潜伏久、范围广、难阻断等特点。2020 年 2 月 28 日，白俄罗斯报告首例新冠肺炎病例，在经历将近两个月的漫长高位平台期后，疫情拐点在 6 月初出现，8 月初单日新增确诊病例稳步回落至两位数。白俄罗斯疫情之所以呈现以上特点，与政府采取的防疫防控政策有关。不同于其他国家面对疫情迅速封锁国境，停产停工防止病毒蔓延，白俄罗斯自始至终都未采取此类措施，只规定新冠肺炎确诊患者和一二级接触者需自我隔离。总统卢卡申科本人也于 7 月 28 日确诊感染新冠肺炎。

摩尔多瓦虽抗疫工作一度面临检测能力低、防护物资不足、医疗资源紧缺等多重困难，但民众配合度相对较高，防疫意识较强，疫情始终处于可控状态。摩政府在海外疫情暴发的初期就积极采取预防措施，严防病毒输入。2020 年 3 月 17 日至 5 月 15 日，摩进入为期 60 天的国家紧急状态，疫情较为稳定，仅有 1 日单日新增病例超过 200 例，防疫措施视疫情发展呈“先紧再松”的特点。5 月 16 日起至 8 月底，摩解除国家紧急状态，进入全国公共卫生紧急状态。6 月至 7 月，摩疫情趋于复杂，呈“回稳—小幅反弹”式短周期性循环，到 7 月中旬累计病例超过 2 万例。较高的单日确诊数、死亡病例呈年轻化趋势、治愈率短期内波动下降成为摩疫情恶化的三大显著特征。截至 8 月 18 日，累计确诊病例 30798 人。摩果断延长公共卫生紧急状态至 8 月底，对解除防疫措施持谨慎、保守的态度。

（2）疫情对社会经济的影响

疫情下乌克兰经济运行总体而言遇到较大困难。乌国家统计局数据显示，1—5 月 GDP 同比下降 5.9%。1—6 月，乌工业生产较 2019 年同期下降 8.3%，工业产品销售额为 1.13 万亿格里夫纳（约合人民币 2842.9 亿元），较 2019 年同期下降 11.3%。采掘业和采石业产量分别下降 9.6% 和 6.3%，煤炭产量 1029 万吨，同比下降 22.6%；原油产量 84.2 万吨，同比下降0.6%；天然气产量91.7亿立方米，同比下降3.7%。此外，航空运输行业受到的冲击尤为明显。为减轻新冠肺炎疫情对乌经济造成的负面影响，乌采取一系列政策措施，加大政府扶持力度，有序组织复工复产，推动经济恢复发展。推出“5%—7%—9%可负担贷款”以支持中小企业发展；大力推动国内“大建设”项目，希望通过大规模政府投资提振经济。在一系列措施的调控下，乌克兰经济复苏态势初显，乌国家银行报告指出，2020年下半年经济有望开始复苏，明年起乌经济或将恢复增长。

白俄罗斯独特的抗疫模式助力国民经济，建筑业、农业、冶金、原材料工业、制药业和木材业缓解了经济下行的压力，但服务业、旅游业等部分行业受油价问题、邻国边境关闭和俄罗斯卢布贬值等影响较大。2020年上半年木材产品出口量增长3%，预计下半年或将高速增长。农业表现可圈可点，畜牧业产量增长，作物产量上升。高品质的国内农产品使国外需求更加旺盛。白俄罗斯建立了三级援助体系以缓解疫情对经济发展带来的不利影响：第一级旨在通过减少税收负担，减少土地租金以及减少能源债务来降低各组织和个体企业家的成本，此外还提供了调整折旧政策、重新计算汇兑差额并计入长期待摊费用的可能性；第二级是雇主向公民支付工资和社会援助方面的支持；第三级是针对受疫情冲击的企业的支持。到7月中旬，国家已向企业实体和个人企业家提供约2300万白俄卢布（约合人民币6621万元）的税收优惠。

新冠肺炎疫情对摩尔多瓦经济造成严重冲击，主要体现在进出口贸易、工业生产等各项数据出现下滑、经济增长预期多次下调、财政赤字不断扩大这三个方面。出口贸易遭受重创，工业生产值降幅明显。据摩尔多瓦经济与基础设施部预测，受疫情影响，摩尔多瓦2020年出口和进口将分别减少12.8%和10%，工业产值、农业产值和投资将分别下降3%、11.9%和

4.8%。财政收入减少、社会支出增加致使预算赤字不断扩大，成为摩尔多瓦当局亟须解决的难题。2020年上半年，国家预算收入总计164亿列伊（约合人民币67.9亿元），比2019年同期减少4.8%，比计划减少逾10%。得益于大量外部贷款援助，出口下降所带来的影响有所缓解，因此从宏观经济指标来看，摩尔多瓦经济未达到危机状态。6月起，社会生产生活陆续重启，持续两个月之久的萎靡经济呈明显改善趋势。为助力受困企业摆脱疫情阴影，摩尔多瓦出台一揽子商业支持措施，其中包括扩大补贴利率方案的受益人范围、增加享受利率补贴的贷款金额、简化增值税退款程序条款等。失业问题日益严峻，失业补助金申请人数不断攀升，截至6月底登记的失业人员达3.5万人。据国际货币基金组织预测，2021年失业率将增至5%。

3. 南高加索三国①

（1）疫情发展

格鲁吉亚疫情较周边国家而言相对平稳。2020年2—7月，格鲁吉亚单日新增病例均在40例以下，未出现疫情大规模暴发情况，新冠肺炎感染率及疫情蔓延速度基本可控，治愈率居欧亚地区之首。截至2020年8月20日，格境内累计报告新冠肺炎确诊病例1370例。格鲁吉亚防疫基本措施包括3—5月实施紧急状态；向多个国家及国际组织请求援助，着力增加病毒检测试

---

① 本部分作者：肖杨、侯丹玮、沈亦豪，上海外国语大学欧亚文明特色研究生班硕士研究生，上海全球治理与区域国别研究院研究助理；林秋晶，上海全球治理与区域国别研究院研究助理，上海外国语大学俄罗斯东欧中亚学院硕士研究生。本部分为教育部人文社科重点研究基地重大课题“上海合作组织的中长期前景研究”（项目批准号：11JJDGJW011）和上海市社会科学界联合会所属学术团体2020年度合作项目“新冠疫情与欧亚地区治理转型”的阶段性成果。

剂库存、提高检测量，对高风险感染人群定期进行病毒检测；在疫情高发地区设立野战医院，减轻医疗系统压力；组织境内多家企业开展防疫医疗物资生产工作，解决医疗物资紧缺问题。随着疫情逐步好转，格解除多地隔离状态，并推出“六步走”计划，分6个阶段放宽此前限制措施，推动复工复产有序进行，逐步恢复社会经济生活。整体而言，格在此次疫情期间反应迅速，一系列科学防疫措施的及时实施有效遏制了疫情蔓延势头，避免了疫情大规模暴发。

亚美尼亚在疫情初期反应迅速，应急方案规划得当，各项防疫举措开展有序。然而由于一时的麻痹大意，未能正视疫情在地区层面扩散的潜在趋势，终致病毒得以在境内大规模传播。在及时加大管控力度后，疫情在经历长达三个月的剧烈波动后，于8月渐呈好转趋向，似已走出波动期。防疫工作的先紧后松，以及疫情二次暴发后管控力度的再度收紧是亚抗疫进程的第一大特点。截至2020年8月20日，亚美尼亚累计确诊42319例。防疫举措层面，出台各项措施联合抗疫，积极研发核酸检测技术，提高病例检测效率。在新冠患者救治方面，大规模添置医疗设备和抗疫物资，建立“方舱医院”。

阿塞拜疆疫情是在三国中最严重的。2020年3—4月疫情总体平稳，单日新增确诊病例数维持在两位数。然而到5月初新增确诊病例数开始攀升，疫情呈现蔓延恶化之势，首都巴库最为严重，占贾和萨利扬等地区出现疫情大暴发。7月中旬疫情有所好转，单日新增确诊病例数逐渐减少。截至8月20日，阿境内累计确诊病例34759例。此外，阿新冠病毒核酸检测范围不断扩大，日均核酸检测量高达9000人次，全国已有71.49万人接受新冠病毒检测。阿国民议会的一些议员表示，疫情恶化在一定程度上与民众违反防疫规定息息相关。尽管不少政府官员和医学专家曾多次呼吁民众佩戴口罩，保持社交距离，但效果并不显著。6—7月，对巴库、苏姆盖特、占贾、贾利拉巴德、连科兰、马萨雷、叶夫拉赫和阿布歇隆地区实行“强化隔离制度”，随后又多次延长“强化隔离制度”的实施期限。8 月 3 日，阿防疫指挥部宣布该制度延长至 8 月 31 日。

（2）疫情对社会经济的影响

格鲁吉亚在疫情初期经济遭受沉重打击，尤其是支柱产业旅游业影响最大，连带餐饮住宿业、休闲娱乐产业、交通运输业、百货零售业等旅游相关行业效益惨遭断崖式下跌，行业失业率高涨，经济发展面临严峻挑战。欧洲复兴开发银行对格鲁吉亚 2020 年 GDP 增长预测下调至 -5.5%，但同时预计 2021 年格鲁吉亚 GDP 增长率将恢复至 5.5%。格鲁吉亚国家统计局公布数据显示，2020 年 1—5 月出口总额与 2019 年同期相比下降 16.2%，仅为 12 亿美元，进口总额约为 30 亿美元，同比下降 17%。因旅游业遭受重创，与其密切相关的部分农产品价格严重下跌并出现滞销情况，农业、医疗等领域商品价格涨幅明显。根据格国家预算修正案，格 2020 年经济将萎缩 4%，国内生产总值预计为 503 亿拉里（约合人民币 1186.27 亿元），国家预算收入将减少 18 亿拉里（约合人民币 42.45 亿元），支出将减少 6 亿拉里（约合人民币 14.15 亿元），财政赤字率将达 8.5%。为缓解因疫情引发的严峻的经济危机和社会危机，格鲁吉亚政府对本年度国家预算做出调整，减少或取消对部分项目的资金投入，拟削减共计 6 亿拉里（约合人民币 13.44 亿元）的财政支出；出台反危机等多项优惠政策，制订疫情期间的经济恢复计划，加大本土企业扶持力度，调整优化产业结构，加大中小微企业及个体商户的融资力度；继续推进“格鲁吉亚制造”计划的实施，大力扶持工农业发展；向失业人员及社会弱势群体提供补贴等。得益于防疫限制措施的不断解除及政府切实有效的政策扶持，格鲁吉亚经济出现初步回暖迹象。

亚美尼亚经济增速下滑。国际货币基金组织发布报告称，2020年亚美尼亚经济增速预期下调1.5%，低于亚政府此前预测的4.9%。为应对疫情期间经济下行压力、解决因疫情引发的社会问题，亚政府自2020年3月28日起陆续出台17项反危机决议，财政拨款超过1000亿德拉姆（约合人民币15亿元），并开展相应反危机活动。出台多项社会援助计划，到2020年8月，政府共向964个失业家庭、6723名失业人员、7026名怀孕妇女、约6.3万名个体企业员工、约1.9万名儿童等困难群体合计发放约94.77亿德拉姆（约合人民币1.42亿元）援助补贴。尽管政府一系列经济和金融政策有助于缓解疫情对其经济的冲击，但仍难掩经济整体的下行趋势。亚美尼亚中央银行董事长马丁·加尔斯蒂安在讨论2019年亚央行年度活动报告时表示，到2020年年底，亚经济将呈负增长。在此背景下，各行各业也都遭受了不同程度的冲击，旅游业、服务业、出口贸易、对外投资等行业遭受重创。据亚经济发展中心数据显示，2020年第一季度侨汇收入同比下降9.68%，损失金额达3.5356亿美元。另据“繁荣亚美尼亚党”公布的数据，亚国外直接投资迎来断崖式暴跌，日均损失约4000万美元。亚主要经济来源是农牧业，鉴于其疫情期间农业出口贸易量较为稳定，故此经济虽然下行，但不至于就此崩溃。

新冠肺炎疫情及全球原油价格下跌对阿塞拜疆经济造成严重影响，尤其是对石油产业造成较大冲击。世界银行对阿2020年GDP增长预测由2.3%下调至-0.2%。零售业、制造业、房地产业、旅游业、运输业遭受重创。据阿塞拜疆国家统计委员会公布的数据，2020年1—6月，GDP为338.04亿马纳特（约合人民币1406.25亿元），同比下降2.7%。人均GDP为3393.7马纳特（约合人民币14117.8元），同比下降3.4%。工业产值为184.02亿马纳特（约合人民币765.52亿元），同比下降

1.5%。农业产值增长2.2%，达40.83亿马纳特（约合人民币169.85亿元）。为减轻疫情带来的负面影响，阿政府多措并举，陆续出台及落实一系列经济刺激政策，着力推动国内产业复工复产，并对旅游、商贸等受疫情影响最为严重的行业给予重点关注。一系列防疫限制措施刺激了阿塞拜疆数字贸易的发展。网购额达数百万美元，同时涌现出大批电商及与之配套的物流服务新企业。

4. 中亚五国①

（1）疫情发展

哈萨克斯坦自2020年3月13日首次宣布发现新冠肺炎确诊病例，系中亚五国中最早确诊新冠肺炎病例的国家。截至2020年8月30日，新冠肺炎确诊病例105684例，治愈96135例，死亡1523例；其他肺炎确诊病例25658例，死亡病例284例。从发现确诊病例至8月初，该国疫情经历了迅速蔓延期、稳定期、反弹期、失控期、回稳期几个阶段。迫于经济发展的实际需求，哈萨克斯坦逐渐放宽隔离政策，局部推动复工复产。然而国民的防疫意识也愈加懈怠，多地出现疫情反弹。7月起，哈萨克斯坦疫情步入失控边缘，“有病无诊”“有病无药”“有病无医”现象井喷式出现。政府宣布在全国范围内重新实行严格的隔离政策，哈萨克斯坦成为全球首个“二次隔离”的国家；重新采取的隔离和防疫措施起到了重要作用，直至8月初，疫情逐渐回稳。

---

① 本部分作者：丁卉雯、彭智丰、潘榆桐、于倩婧、田园园，上海外国语大学欧亚文明特色研究生班硕士研究生、上海全球治理与区域国别研究院研究助理。本部分为教育部人文社科重点研究基地重大课题“上海合作组织的中长期前景研究”（项目批准号：11JJDGJW011）和上海市社会科学界联合会所属学术团体2020年度合作项目“新冠疫情与欧亚地区治理转型”的阶段性成果。

乌兹别克斯坦首例新冠肺炎确诊病例出现于2020年3月15日，截至8月底，该国疫情发展历经了暴发、好转、反弹三个阶段。截至8月30日，累计确诊新冠肺炎病例41303例，治愈38359例，死亡309例。3月15日至4月中旬为疫情暴发阶段，确诊病例呈渐进式增长，至7月底，疫情发展态势日趋严峻，确诊患者持续显著增长，复工人群面临大规模感染问题，外来输入性病例也成为该国病例增长的重大来源。8月疫情形势有所缓解，但反复风险依然存在。疫情暴发初期，乌兹别克斯坦便积极采取措施，严格防控疫情，由于防控得当，疫情蔓延速度减缓。在分区分级制的系统性精准防控与严格的入境限制下，隔离检疫措施的放宽与复工复产的推进依然造成了疫情回潮，该国政府不得不在全国范围内收紧隔离检疫措施，按疫情实际将全国分为"红"（高危）、"黄"（低危）、"绿"（安全）三级，并逐步与疫情稳定的国家及地区复航。

吉尔吉斯斯坦于2020年3月18日首次通报新冠肺炎确诊病例，疫情迅速蔓延。大量海外公民回国、境外输入性病例大幅增加是吉疫情未能及时得到控制的关键原因。疫情拐点于2020年5月中旬到来，随着疫情的不断向好，吉逐步放宽隔离限制。6月初政府解除紧急状态，并逐渐复工复产后，感染人数在6月下旬急剧上升。吉国民对新冠肺炎疫情重视程度不够，出门不佩戴口罩者众多是导致疫情新一轮暴发的重要原因。7月以来，吉疫情持续恶化，政府多名高官及大量医务人员感染。除新冠肺炎外，社区获得性肺炎的大面积传播令疫情更加复杂。经世卫组织专家鉴定与讨论，吉在疾病分类中引入了两个新代码U07.1和U07.2，前者是经实验室确诊（PCR检测呈阳性）的新冠病毒，后者是临床流行病学确诊的新冠病毒，即社区获得性肺炎。7月17日起，卫生部将两种肺炎数据合并统计。截至8月30日，累计确诊新冠肺炎病例和其他肺炎病例43820例，治愈38198例，死亡1059例。所幸治愈率较高，疫情呈现出好转迹象。

塔吉克斯坦于2020年4月30日首次通报新冠肺炎确诊病例，之后疫情迅速恶化。由于缺乏抗疫经验，医疗体系多年来未经过改革创新，处理公共突发卫生事件能力初期略显不足，死亡病例数大幅增加，加上疫情信息发布不及时、政府与民众沟通不到位导致社会恐慌。然而塔吉克斯坦政府全力以赴，迎难而上，在实践中积极解决各类难题，实施更加严格的卫生防疫政策。5月末出现疫情拐点，6月中旬以来疫情逐渐趋于稳定，新增确诊病例多为境外输入性病例，本土疫情已得到有效控制。截至8月29日，新冠肺炎确诊病例达8516例，治愈7309例，治愈率超过85.8%，死亡68例。

新冠肺炎疫情蔓延全球期间，土库曼斯坦稳坐中亚五国唯一“幸存者”地位，截至2020年8月官方仍未通报新冠肺炎确诊病例，但外界对土疫情真相的猜测比较多，外媒多次爆料其境内存在新冠肺炎确诊病例，并称死亡人数在各地不断攀升。美俄两方对土境内疫情真相持相反立场。美驻土大使馆曾质疑土政府存在疫情瞒报行为，美外交使团多次强调土医疗协议不符合美方标准。土方就美这一指控做出坚决回击，俄方支持土官方表态。7月6日，世卫组织到土库曼斯坦调查疫情，经过为期十天的工作访问，世卫组织表示并未在土境内发现新冠肺炎确诊病例。疫情在全球蔓延以来，土库曼斯坦始终高度重视疫情防控工作，防疫措施持续升级，推行严格的行政管理政策，加强居民出行限制。医疗方面，土库曼斯坦国内实验室配备充足的病毒检测设备，且全国各地均设立公民健康检查站。

（2）疫情对社会经济的影响

新冠肺炎疫情给哈萨克斯坦经济带来巨大打击。哈萨克斯坦经济部预测2020年该国经济增长率将降至-0.9%，相较其在2019年做出的预测降低了5%。能源行业受到疫情和国际油价下跌的双重冲击，陷入危机。2020 年 4 月 17 日，哈国家石油天然气公司发布消息称，由于国内三大城市实施隔离措施，市场对汽油和柴油等主要石油产品的需求下降 40%，哈炼油厂现处于低产能状态。阿特劳州田吉兹油田、西哈州卡拉恰甘纳克油气田、卡拉干达州“哈萨克梅斯—努尔卡兹甘”矿产公司、奇姆肯特市“彼得罗哈萨克斯坦”石油公司员工大量感染新冠肺炎，迫使工厂减产、停产。随着国际原油价格暴跌，哈货币坚戈贬值超 10%。航空业、商业、交通运输、服务业、进出口贸易受到严重影响。共有 99 条航线与 450 次航班被迫取消，预计 2020 年阿斯塔纳航空公司营收将较预期减少 1400 亿坚戈（约合人民币 23 亿元），降幅达 33%。哈“祖国”国家企业家协会 4 月公布的一份社会问卷调查显示，44% 的哈本土企业因国家紧急状态停工，直接经济损失达 2320 亿坚戈（约合人民币 38 亿元），超过 80% 的企业财务状况恶化。隔离限制政策加剧了失业与贫困问题。食品价格大幅上涨，医疗资源严重紧缺，民众非法倒卖药品的行为猖獗。

据乌兹别克斯坦中央银行发布的报告，2020 年 GDP 增长预期由原先的 5.2%—5.5% 下调至 1.5%—2.5%。经济活动大幅减少，国内生产持续缩减，对外经济指标显著下降，涉及的主要领域包括能源、有色金属及旅游业。银行系统交易量、商品和原材料交易所交易量也大大减少。乌兹别克斯坦就业和劳动关系部 5 月 30 日表示，受疫情影响，全国近 40 万家企业暂时关停或裁员，约 15 万人失业；近一半劳务移民回国，其中约 49.8 万人无固定收入，另有 20 万个家庭生活状况处贫困线以下。据乌 6 月初公布的数据，该国失业人数增至近 200 万人（疫情之前乌失业人数约为 135 万人）。

吉尔吉斯斯坦国家财政收入大幅减少，经济短期内难以复苏。2020 年上半年吉尔吉斯斯坦国内生产总值约为 2280 亿索姆（约合人民币 205.51 亿元），同比下降 5.3 个百分点。吉财政部数据显示，2020 年吉财政收入预计为 1329 亿索姆（约合人民币 121.04 亿元），而支出为 1706 亿索姆（约合人民币 155.37 亿元），因此吉不得不缩减开支应对赤字困境。除粮食及医疗行业外，其他经济领域均受到较大冲击，服务业首当其冲，服务和贸易业占吉 GDP 的 50%，其中旅游业又占据最大份额，伊塞克湖等旅游胜地利润较 2019 年将大幅下降。疫情导致许多餐厅、商场关闭，许多中小企业破产进一步导致失业率上升。经济危机导致许多家庭失去收入来源，陷入赤贫。

据世界银行预测，塔吉克斯坦国内生产总值 2020 年将下降 2%，到 2021 年将增长 3.7%，未来两年塔将面临重大经济挑战。塔吉克斯坦对外贸易额大幅下滑，货币流通、劳工流通、外国投资等均受到严重冲击。塔 GDP 增速较 2019 年同期放缓 3.2%。财政部数据显示，2020 年 1—4 月，国家财政实际收入额为 68 亿索莫尼（约合人民币 47.50 亿元），占预计收入额的 91.9%，实际收入额减少了约 6 亿索莫尼（约合人民币 4.19 亿元）。疫情对旅游业造成的冲击最为明显，旅游行业基本处于停滞状态。大量企业停产破产，失业率上升，疫情期间，约 180 家企业共裁员 4000 余人。截至 5 月初，塔共有 51700 人正式登记失业。食品价格上涨，涉及肉、蛋、奶、蔬菜等，对于普通民众而言，生活必需品价格上涨无异于雪上加霜。

惠誉解决方案基金会发布报告指出，2020 年土库曼斯坦 GDP 预期增长率将降至 1.4%，创 2002 年以来的最低纪录，该数据将在明年恢复至 6.1%。商品供应出现严重短缺，各地超市均出现面粉、粮食大量短缺现象。因官方通报新冠肺炎确诊病例仍为零，所以未被列入欧盟经济援助名单中，国内经济发展完全依赖自身。

（二）中国与欧亚国家的合作

1. 与俄罗斯的合作

（1）中俄抗疫合作①

在中国疫情暴发阶段，俄罗斯是最早向中国提供实质性帮助且援助力度最大的国家之一，也是首个派遣防疫专家来华的国家。1 月 31 日，普京总统向习近平主席发来慰问电报，表示俄已做好向中国提供必要援助的准备。2 月 5 日，俄一架载满医疗设备等人道主义救援物资的伊尔－76 运输机飞抵武汉，机上还包括 5 名来华协助研制药物和疫苗的医疗防疫专家。仅在 4 日后，俄紧急情况部又送来从各地筹集的 23 吨救援物资，其中包括 200 余万只口罩等大量医疗防护用品。

2020 年 4 月初，中国疫霾渐散，俄罗斯疫情却急转直下，中国于是开展了从政府到民间的全面对俄援助行动。4 月 2 日，在国内疫情未竟的情况下，中国政府仍向俄提供了 25.5 吨防疫物资，并于 5 月 17 日和 22 日分两次将包括检测试剂盒、医用一次性防护服、医用外科口罩、医用防护口罩在内的约 103 吨防疫物资送达莫斯科；地方政府也积极做出响应，黑龙江省政府 4 月 14 日向俄提供了 20 余吨防疫物资，威海、兰州分别向各自的友好城市——索契、奔萨提供了上万件防疫物资；民间层面，中资企业、马云公益基金会、阿里巴巴公益基金会向俄捐赠了口罩、检测试剂盒和防护服等大量物资、全套口罩生产设备。

① 本部分作者：杨子桐、任治亚、潘婕，上海外国语大学欧亚文明特色研究生班硕士研究生、上海全球治理与区域国别研究院研究助理。本部分为教育部人文社科重点研究基地重大课题“上海合作组织的中长期前景研究”（项目批准号：11JJDGJW011）和上海市社会科学界联合会所属学术团体 2020 年度合作项目“新冠疫情与欧亚地区治理转型”的阶段性成果。

中方于4月11日派遣医疗专家组一行10人赴俄协助开展疫情防控工作。中俄还在疫情防控、患者救治以及疫苗研发等方面保持经常性交流。中国抗疫经验对俄起到了重要的借鉴作用，短时间内兴建多座俄版“火神山”医院，将血浆疗法纳入诊疗方案，俄总理米舒斯京特批允许使用中国捐赠但尚未在俄注册的68600盒羟氯喹治疗新冠肺炎，两国还在新冠疫苗研发领域密切合作。

（2）抗疫合作凸显中俄全面战略协作伙伴关系丰富内涵①

针对中国暴发的新冠肺炎疫情，作为中国最大的邻国俄罗斯表示与中国同舟共济，为中国加油。来自俄罗斯的支持汇成直抵人心的暖流和抗击疫情的坚强决心，体现了中俄人文交流合作进一步深化，展现了中俄共克时艰的全面战略协作伙伴关系。

首先，中俄双方在传染病防治和防控领域加大合作。2019年6月中俄两国元首签署了《新时代中俄全面战略协作伙伴关系协定》，这个协定使中俄关系内涵更加丰富。协定对人文交流领域中的卫生方面提出更广泛的合作内容，包括继续在应对自然、人为、防疫卫生领域突发情况及医疗后果消除等领域加强合作；继续拓展双方在传染性疾病诊治和防控领域合作。提高中俄相关组织机构在危险病毒性疾病和自然疫源性传染病研究监控、人类健康环境因素影响风险评估方面的学术协作水平。

因此，面对中国突发的疫情，2020年2月5日俄罗斯卫生部派出5位医疗防疫专家赴武汉与中国专家一起合作研制疫苗。经过近一个星期的努力，2月10日俄罗斯专家研制的诊

① 本部分作者：李勇慧，中国社会科学院俄罗斯东欧中亚研究所俄罗斯外交室副主任，中国社会科学院中俄战略协作高端合作智库理事，研究员。文章名称及来源：《从新冠肺炎疫情看中俄全面战略协作伙伴关系的丰富内涵》，《环球时报》（英文版）2020年2月13日。

断新冠病毒系统在中国条件下首次通过了测试，过程很高效，获得中俄专家的一致肯定。这款测试盒易于保存，在4摄氏度条件下即可保存，而类似外国的测试盒要保存在零下20摄氏度的条件下；测试过程也简单，从鼻咽涂片就足够了，结果可在四个小时内得到。俄专家表示，用于实验室诊断的试剂盒基于分子遗传学研究方法，可识别新菌株和SARS的病原体。接下来，两国科学家还将共同研制疫苗，提振中国战胜疫情的信心。

其次，面对这次疫情暴发，俄罗斯媒体表现出高尚的职业道德，为抗战疫情营造出共克时艰的良好社会氛围，体现了中俄战略协作伙伴关系深厚的社会基础。2020年2月10日俄罗斯机关报《俄罗斯报》发表了《中国患难与共》的社论，以及非常用心制作，内容令人动容的海报——中国加油，我们在一起。这一切都表达了俄罗斯政府和人民支援中国抗疫的心声，展现了中俄新时代全面战略协作伙伴关系的高水平和两国患难与共、守望相助的深厚情谊。社论中说，新冠肺炎疫情发生后，俄方多次给予中方坚定支持。中俄两国主流媒体还联合推出40多篇关于中国疫情防控的报道和评论，向当地民众介绍中国政府和人民防控疫情的最新情况和有效措施。

最后，俄罗斯相关部门还与中国展开紧密互动，以最快的速度抵御共同的威胁。关键时刻中俄关系体现出了相互支持，互帮互助，睦邻友好的基本性质。新冠肺炎疫情不仅不会影响中俄关系持续稳定向前发展，而且还会进一步向世界展示中俄全面战略协作伙伴关系守望相助的战略内涵，通过共同抗击疫情，同呼吸，共命运，将会进一步筑牢中俄关系的民心基础，更能体现中俄领导人和人民之间的友好情谊。

（3）疫情对中俄经贸合作的影响①

新冠肺炎疫情暴发后，为防止病毒扩散，俄罗斯暂时关闭中俄边境口岸和相关航线。疫情暴发对两国农产品贸易和物流业造成较大影响，但中俄经贸合作的总体发展趋势不会受到严重负面影响。

中俄双边贸易中，中国自俄进口商品主要为油气产品，基本占进口额的75%—80%，主要通过管道运输，不会受到疫情影响。中国对俄出口商品主要为机电产品、贱金属及制品、纺织品、化工产品、轻工制品等，对于这些产品的出口，短期内会出现断货期，但在俄方需求不变的条件下，会在疫情过后出现弥补性增长。农产品贸易受到的负面影响最大，但此类商品在中俄双边贸易中占比很小，根据2019年1—9月中国商务部数据，动植物油脂、植物产品及食品、饮料、烟草这三类产品在中国自俄进口额中占2.2%，在中国对俄出口额中占2.6%。因此，不会对双边贸易整体形势造成太大影响。在服务贸易中，物流和旅游业受到最直接的负面影响，但由于冬季处于旅游淡季，对旅游业造成的影响也比较有限。

中俄经贸合作发展至今，有着坚实的政治基础，有着规格最高、组织结构最全、范围最广的中俄元首和总理会晤机制。中俄两国开展经贸合作的意愿强烈，近年来，两国在能源、金融、投资、基础设施建设、地方合作、航空航天、科技创新、电子商务及数字经济等领域的合作务实高效。中俄经贸合作深入发展的整体趋势不会因新冠肺炎疫情而改变。在这一关键时期，俄罗斯向中国援助了大量医疗物资，并派遣医疗专家赶赴中国，与中国医疗团队开展合作。2020—2021年为中俄科技创

① 本部分作者：郭晓琼，中国社会科学院中俄战略协作高端合作智库办公室副主任，副研究员。文章及来源：《新冠肺炎疫情对中俄经贸合作趋势的影响》，俄罗斯国际事务委员会网站，2020年2月14日。

新年，中俄两国可以此为契机，加强医疗科研、公共卫生及应急处理等领域的合作。

2. 与乌克兰、白俄罗斯、摩尔多瓦的合作①

新冠肺炎疫情发生以来，中国与乌克兰守望相助，携手抗疫。两国抗疫合作可大致分为两个阶段，前一阶段为中国疫情严峻时乌对中的援助，后一阶段则为中方对乌提供帮助。在中国疫情严峻之时，乌多次声援中国，表达对中方的支持。2020年2月4日，乌克兰外长普里斯泰科在推特上发文为中国加油。2月5日，乌克兰总统泽连斯基就新冠肺炎疫情向习近平主席致慰问信。同日，乌克兰国立柴可夫斯基音乐学院举行医疗物资捐赠仪式。乌国内疫情发生后，中方向乌捐赠了大量防疫物资并毫无保留地分享了防疫经验。3月24日，中国驻乌克兰使馆举行新冠肺炎防控经验分享视频会议，重庆具有一线抗疫经验的专家同乌医疗专家连线，中国政府和社会各界向乌提供医疗物资。4月1日，中国政府援助乌克兰政府抗疫紧急人道物资抵达基辅。4月21日，中国与乌克兰医疗专家再次举行远程视频会议，就新冠肺炎疫情防控工作交流经验。6月8日，中国政府援助乌克兰第二批人道主义物资全部运抵基辅。6月24日，中方友好省州援助乌克兰抗击新冠肺炎疫情医疗物资运抵基辅。

疫情期间中国与白俄罗斯万里为邻，风雨同行，双方在医疗和经济两个方面开展合作。在中国疫情暴发之初，白向中方紧急提供人道主义援助，体现出高水平的中白全面战略伙伴关

① 本部分作者：向子悦、刘依、柴璐，上海外国语大学欧亚文明特色研究生班硕士研究生，上海全球治理与区域国别研究院研究助理。本部分为教育部人文社科重点研究基地重大课题“上海合作组织的中长期前景研究”（项目批准号：11JJDGJW011）和上海市社会科学界联合会所属学术团体2020年度合作项目“新冠疫情与欧亚地区治理转型”的阶段性成果。

系和白人民对中国人民的深情厚谊。白发生疫情后，中方全力支持白抗击新冠病毒，多次无偿向白运送医用口罩等防护物资和检测试剂。白引进来自中国的超高速机床，能日产3万多只口罩，大大提升了生产速度。华为公司也向白赞助远程视频会议系统，帮助白卫生部与医疗机构之间能实时沟通，提高抗疫效率。两国在卫生医疗领域的合作不断深化，取得丰硕成果。经济方面，两国领导人特别关注加大白农产品和食品对华出口、中白巨石工业园发展以及在各领域实施联合投资项目等问题。

在摩尔多瓦首例病例出现之前，中国就主动且及时地向摩通报国内疫情，分享抗疫经验。摩总统多东、议长格列恰内等领导人分别向中方表示慰问，坚定支持中方抗疫，摩社会各界还以不同方式向中方提供支持和帮助。2020年2月19日，中国驻摩使馆举行媒体吹风会，张迎红大使全面介绍中国政府和人民抗击新冠肺炎的有力举措和最新进展。3月3日，中国国家卫生健康委员会与摩等欧亚地区国家卫生部门共同举行新冠肺炎医疗专家视频交流会。中方专家详尽介绍了中国防疫工作的进展，分享疫情预防、控制和救治方面的经验。摩疫情暴发后，中国政府和民间分多批向摩提供检测试剂和医疗物资援助。3月25日，中国政府援摩的1500份检测试剂顺利运抵摩首都基希讷乌。3月30日，援摩的第二批新冠肺炎检测试剂交接仪式成功举行。摩方称，中国在危急时刻向摩伸出援手，充分体现了中方的国际人道主义精神和中国人民对摩人民的深情厚谊。4月10日，中国政府向摩提供的首批抗疫物资实现顺利交接。该批援助物资总重约3吨，其中包括医用防护口罩、防护服、护目镜、手套、鞋套及红外测温枪等。6月4日，中国政府援摩的第二批防疫物资交接仪式在摩国家医疗物资中心顺利举行，该批物资包括10万只KN95口罩、10万只一次性医用口罩、5000套医用防护服。中国民间力量亦为摩抗疫工作添砖加瓦。4月19日，由中国企业、友好城市捐赠的防疫物资运抵摩首都基希讷乌。4 月 30 日，华为公司向摩尔多瓦捐赠了防疫物资。

3. 与南高加索国家的合作[①]

2020 年 1 月底中国疫情暴发，格鲁吉亚社会各界以多种方式提供支持和援助。多名高官在个人社交媒体上声援中国战疫；“格中传媒”“4U”等主流媒体连续发表多篇介绍中国防疫举措文章，澄清纠正不实信息；格武术联合会录制视频，为中国加油，为武汉加油；格鲁吉亚华人华侨积极号召为中国捐款捐物，格江西商会为武汉市、江西省定点医院及共青城市人民医院筹集 2000 件医用防护服、5 万只医用口罩等大批医用紧缺物资。2 月 26 日，格出现首例新冠肺炎确诊病例，中国在疫情防控、经验分享、物资运输等多领域向格提供切实援助，是格疫情暴发后最早提供帮助的国家之一。2 月底，中国向格分享疫情防控、诊疗、密切接触者管理、病例监测等有关参考材料。3 月 3 日、3 月 20 日和 4 月 10 日，在外交部及卫生部的支持下，中国为格三次举办疫情防控经验专家视频交流会。格疫情暴发初期，中国政府立即向格捐赠了 1000 份核酸检测试剂，四川省也向格捐赠一批病毒检测设备。4 月 29 日和 7 月 15 日，由中国政府捐赠的试剂盒、口罩、医用手套和防护服等医疗物资分批运抵第比利斯。5 月 25 日，格从中国引进的首条熔喷无纺布口罩生产线正式投产。5 月 27 日起，格“TV24”电视台在黄金时段播出由中国新闻社出品的《中国战疫录》纪录片，向格民众全面展

---

① 本部分作者：肖杨、侯丹玮、沈亦豪，上海外国语大学欧亚文明特色研究生班硕士研究生，上海全球治理与区域国别研究院研究助理；林秋晶，上海全球治理与区域国别研究院研究助理，上海外国语大学俄罗斯东欧中亚学院硕士研究生。本部分为教育部人文社科重点研究基地重大课题“上海合作组织的中长期前景研究”（项目批准号：11JJDGJW011）和上海市社会科学界联合会所属学术团体 2020 年度合作项目“新冠疫情与欧亚地区治理转型”的阶段性成果。

示中国政府和人民在疫情防控和国际抗疫合作方面所做的艰苦努力。

中国暴发疫情初期，亚美尼亚总统萨尔基相于2020年2月19日表示亚方愿为中方抗击疫情提供帮助。亚美术家协会著名画家联袂现场作画，为中国人民抗击新冠肺炎疫情加油，亚民众筹集医用口罩捐赠给中国疫区。3月1日亚确诊首个新冠肺炎病例。3月3日中亚两国专家举行线上工作交流会，介绍中方防治经验。中国政府第一时间向亚方捐赠检测试剂盒、呼吸机、防护服、口罩等抗疫物资。双方多次就加强新冠肺炎疫情防控合作问题展开交流，中方专家连续三次通过视频连线向亚方介绍新冠肺炎防控经验。中方还积极协助亚方包机先后四次赴华采购医疗防护物资。

中国抗疫期间，阿塞拜疆各界纷纷向中国捐赠口罩、医用手套等抗疫医疗物资。尼扎米·占贾维国际中心制作“中国加油，武汉加油!”的视频支持中国抗击疫情，体现了两国民众的友好情谊。4月3日，巴库盖达尔·阿利耶夫中心亮起中国国旗图案、奏响中国民族乐曲，以独特方式声援中国抗疫。当阿疫情蔓延之后，中国向阿提供物资援助。3月初，中国外交部、国家卫生健康委员会与阿塞拜疆等欧亚国家举行多边视频会议，就疫情防控具体问题进行深入交流。5月21日，阿外交部举行中国援阿第二、三批医疗物资交接仪式，包括核酸检测试剂5000份、无创呼吸机10台、医用防护服3500套、医用口罩60万只、KN95口罩5万只等。8月4日，中国赴阿塞拜疆抗疫医疗专家组抵达巴库，第四批防疫医疗物资同机运抵。陕西西安、四川绵阳、浙江衢州、重庆江津等中国地方省市以及华为公司、马云公益基金会、阿里巴巴公益基金会等中国企业和民间组织积极行动，向阿方捐赠大量防疫物资，助力阿方渡过难关。

4. 与中亚国家的合作①

在中国疫情严重期间，哈萨克斯坦政府与社会各界积极提供物资援助。3 月 13 日哈发现首例新冠肺炎病例后，仅隔三天，中国驻哈大使张霄就同哈总理马明会晤，双方就中哈两国携手合作抗击新冠肺炎疫情等问题交换意见。3 月，中国建设银行阿斯塔纳分行、新疆维吾尔自治区政府捐赠医疗物资。4 月，中国政府首批人道主义援助物资运抵阿拉木图，包括热像仪、试剂盒、护目镜、防护服及其他医疗防护设备和用品；马云公益基金会和阿里巴巴公益基金会向哈提供 50 万只医用口罩、5000 套医用防护服、5 万只医用手套及非接触式温度计，总量超 4.5 吨；在中国产业海外发展协会的组织协调下，江西铜业集团、香港佳鑫公司、哈萨克杰特苏钨业公司联合捐赠 22.88 万个医用口罩和总价值达 70 多万元人民币的医疗物资。5 月，马云公益基金会和阿里巴巴公益基金会提供包括试剂盒和呼吸机在内的第二批人道主义医疗物资。6 月，中国通用技术集团中机公司援助口罩、防护服等防疫物资；中国农业部向哈农业部捐赠 30000 个医用口罩、1000 个护目镜和 1000 件防护服。7 月，中国政府援助核酸检测试剂 5 万份、护目镜 7 万个、医用手套 15 万副、非接触式温度计 1000 个、防护服 3 万套、口罩 60 万只。中国还派遣医疗专家组访哈分享抗疫医疗经验。4 月 9 日，中国政府医疗专家组一行 10 人从新疆乌鲁木齐起程，赴哈协助开展为期 15 天的疫情防控工作，与此同时，一批重达 5.5 吨的人道

① 本部分作者：丁卉雯、彭智丰、潘榆桐、于倩婧、田园园，上海外国语大学欧亚文明特色研究生班硕士研究生，上海全球治理与区域国别研究院研究助理。本部分为教育部人文社科重点研究基地重大课题“上海合作组织的中长期前景研究”（项目批准号：11JJDGJW011）和上海市社会科学界联合会所属学术团体 2020 年度合作项目“新冠疫情与欧亚地区治理转型”的阶段性成果。

主义医疗救援物资也随机抵达努尔苏丹国际机场，这是全球新冠肺炎疫情暴发以来中国首支派往中亚的医疗专家组。

中国与乌兹别克斯坦在抗疫过程中共渡难关，充分展现中乌全面战略伙伴关系的高水平和两国人民的深厚情谊。2020 年 2 月 12 日，乌向中国提供救援物资，包括口罩、防护服等。4 月 17 日，中国医疗工作组飞抵乌兹别克斯坦，随机携带了医疗物资及药品。4 月 25 日，在中国驻乌使馆协助下，中乌正式启动跨国远程医疗会诊系统，“中乌远程医疗系统”依托江西省远程医疗服务平台搭建，成功对接两家江西省直属医院与乌 10 家定点医院。在数月间，中国向乌多次捐赠医疗物资，包括病毒检测试剂盒、防护服、医用口罩、护目镜等数十吨防疫物资。5 月 6 日，乌外长卡米洛夫与中国外长王毅通电话，两国决定根据乌疫情实际举行下一轮中乌外交部间政治磋商、中乌政府间合作委员会小组委员会会议，中乌将采用新的合作方式携手抗疫。中国驻乌使馆在两国抗疫合作方面做了大量工作，包括助力国内各界向乌提供援助物资、推动中乌医疗务实合作、向在乌华人华侨提供帮助，实现在乌 7000 多同胞“零感染”。7 月 9 日，中国驻乌使馆、中国社会科学院俄罗斯东欧中亚研究所与乌总统下属战略与地区研究所联合举办“新形势下中乌全面战略伙伴关系”视频会议，两国学者围绕中乌高质量共建“一带一路”、疫情背景下数字人文合作前景、疫情对中亚地区局势影响等议题展开深入讨论。

当新冠肺炎疫情在吉尔吉斯斯坦暴发之时，中国最早向吉提供人道主义援助，中国政府、企业、慈善基金会、社会组织纷纷给予吉帮助与支持，助其渡过难关。物资援助方面，中国社会各界向吉援助大量医用口罩、防护服、制氧机、呼吸机、热成像测温门等。中国在吉企业、中国总商会也为吉抗疫贡献力量。两国积极开展线上线下医疗交流活动。

塔吉克斯坦暴发疫情后，中国多次向塔提供人道主义物资援助，并派遣医疗专家，与塔分享抗疫经验。物资援助方面，中国政府援助塔检测试剂、医用防护服、医用隔离眼罩、医用手套、红外测温仪等。中国多次与塔进行经验交流。2020 年 5 月 18 日，温州医科大学附属第一医院与塔卫生部专家举行防治新冠肺炎疫情医疗专家视频会议。5 月 26 日，中国医疗专家组飞抵塔哈特隆州，与当地流行病学及病毒学专家举行会面，分享抗疫经验。

疫情期间，中国与土库曼斯坦多次展开谈话，就双边关系、高层交往、务实合作等问题交换意见。在疫情防控常态化的背景下，双方决定开拓思路，加强发展战略对接，扩大两国各层交往，着眼后疫情时代，创新合作理念，及早布局两国在能源、经贸、交通、高科技、医疗卫生等领域的合作，推动中土关系进一步发展。土“东方网”以“团结一致战胜疫情：中国得来不易的积极经验”为题刊登了对中国驻土大使孙炜东的专访，孙炜东大使就中国抗击疫情、疫苗研发进展、疫情对中国经济和中土天然气合作的影响等问题进行了回答。

四　新形势下中国与欧亚国家的务实合作

当前，在国际大变局中，“一带一路”面临很多挑战，但“一带一路”沿线国家合作韧性十足，“一带一路”所倡导的多边合作已结出不少成果，共建“一带一路”有利于促进相关国家的经济发展，各方有长期合作的现实需要。本章介绍新冠肺炎疫情暴发以来中国与欧亚国家积极展开务实合作，分析“一带一路”在沿线国家面临的机遇与挑战，分析与展望中国与欧亚国家双边与多边合作的特点与前景。

（一）“一带一路”在新形势下的挑战与机遇

1. “一带一路”合作韧性十足①

随着中国国内新冠肺炎疫情得到控制，企业复工率提高，“一带一路”合作彰显韧性。据中国商务部2月下旬发布的信息显示，“一带一路”合作项目总体进展平稳，没有因新冠肺炎疫情出现大范围延期。国家发展改革委近日表示，今年以来，中欧班列开行量实现逆势增长，目前复工率已达90%以上。下一

---

①　本部分作者：孙壮志，中国社会科学院俄罗斯东欧中亚研究所所长，中国社会科学院中俄战略协作高端合作智库副理事长兼秘书长，研究员；文章题目及来源：《“一带一路”合作韧性十足》，《人民日报·海外版》2020年3月16日。

步，国家将出台相应政策措施，促进中欧班列安全稳定高效运行。此外，商务部、国家开发银行联合印发通知，对受疫情影响的共建“一带一路”项目和企业给予开发性金融支持。

从短期来看，新冠肺炎疫情给“一带一路”合作带来一定的困难和挑战。从长期来看，疫情的负面影响微乎其微。究其原因，一方面，共建“一带一路”有利于促进相关国家的经济发展，各方有长期合作的现实需要。从互联互通到基础设施建设，再到推动贸易和投资自由化、便利化，“一带一路”造福各方。另一方面，中国与大多数“一带一路”国家具有深厚的传统友谊，许多国家都将“一带一路”倡议与自己国家的发展战略相对接。除了经贸领域，“一带一路”还为各国提供了政治、安全、人文等多领域合作对话的平台，备受各国民众的欢迎。这对维护“一带一路”合作的稳定性至关重要。

在全球化时代，世界各国相互联系、相互依存程度不断提高。面对全球性传染病，世界各国需携手应对。疫情当前，各国更加意识到“一带一路”所倡导的多边合作的必要性和紧迫性。前段时间，得知中国疫情防控物资紧缺，许多“一带一路”沿线国家主动伸出援手，为中国提供诸多方面的帮助。随着中国疫情防控出现积极向好趋势，防疫物资产能逐渐恢复，中国又向其他国家捐赠医疗物资，派遣专家团队。各方携手共筑抗击疫情的严密防线，正是构建人类命运共同体的生动体现。

事实上，“一带一路”框架下的公共卫生合作一直方兴未艾。早在2016年，中国国家主席习近平就明确提出携手打造“健康丝绸之路”的愿景。在上海合作组织框架内，各国还建立了卫生部长会晤机制。“一带一路”相关国家也经常举办健康、医药主题论坛，加强交流合作。对中国和世界而言，新冠肺炎疫情都是一个新挑战、新威胁。“一带一路”相关国家应进一步加强公共卫生领域的合作，建立新的协商和共享机制，携手打造“健康丝绸之路”，不断为“一带一路”合作贡献新内容、新方案、新智慧。

2. 疫情对“一带一路”建设与区域经济的影响[①]

世界现有格局及秩序并不会因为疫情的冲击发生根本性变化，疫情在俄罗斯及中亚蔓延程度虽不及欧美各地严重，但却快速扩散。与此同时，这次疫情伴随着石油、天然气价格的骤降对俄罗斯、哈萨克斯坦和土库曼斯坦的经济发展造成灾难式的影响。

疫情会促使中亚地区格局发生变化，进而对“一带一路”产生影响，新冠疫情对中亚地区的冲击将成为“一带一路”倡议推进的绊脚石。作为曾身处疫情震中的中国需考虑“一带一路”的既有情况，结合中国现有国力对已有计划进行新的战略调整，部分工程可采取适量缩减和延缓措施。在经济下行以及疫情的严重冲击下，“一带一路”整体工作要收缩，对相关项目采取“停、减、缓”的方针。

疫情导致中国与欧美、日本、韩国、印度等占中国对外贸易总额一半以上国家的贸易关系整体下降，疫情之后与中国的合作会更加减少，特别是加拿大和澳大利亚与中国的外贸额都很高，但这两个国家是美国最密切的追随者。另外，中国在推进“一带一路”的同时还在推进与金砖国家的合作，而实际上金砖国家的合作在几年之前已经很不理想，同时巴西疫情非常严重。这些国家尽管不是“一带一路”沿线国家，但是其疫情恶化会冲击中国与外部经济联系的整体状况，这对“一带一路”造成的影响是直接的。

在上述背景下看欧亚地区，即俄罗斯、东欧和中亚，与中国关系密切和特殊的是俄罗斯和哈萨克斯坦两国，这两个国家

---

① 本部分作者：杨恕，兰州大学中亚研究所所长，中国社会科学院中俄战略协作高端合作智库常务理事，教授。

在疫情之下有一个共同点是都受到了双重打击（疫情和油价），损失非常大，油价已经低于生产成本，相对而言，对哈的打击更重。多年来俄罗斯的经济状况一直低迷，哈萨克斯坦的经济情况要好于俄罗斯，在油价低于生产成本的情况下，石油输出又占其很高的收入比例，目前这种状况还会持续。在疫情结束前，油价不大可能出现大幅度反弹。生产资料市场和消费市场对石油的需求，与疫情关系密切。

中欧班列是中国在欧亚地区的一个重要项目，疫情以来中欧班列发挥了不少作用，但总体看班次 15% 的增长相对于海运量的减少来讲差异还是比较悬殊的。例如，目前中国拥有的大型集装箱货轮最大可以装载 2 万个标准集装箱，相当于 200 列火车。即使平均每艘货轮装载 1 万个集装箱，也相当于 100 列火车，现在海上货运还没有恢复，其原因一是市场萎缩，二是在疫情下保险公司不为人员和船只投保，再加上货轮上缺乏医疗保障，船员都不愿意上船出海。因此，从运量看，中欧班列的增加与海运减少是不能相比的，对此要有客观的认识。

后疫情时代“一带一路”问题需要对区域国别加强具体问题的研究，例如中亚国家必须一个一个分别分析。“一带一路”由多个次级空间构成，不能笼统下结论。欧亚地区的一体化是一个不可能实现的目标，疫情之后就更不可能。在这个区域内的国家，不大可能做出大的政策调整。贸易保护主义不会增强，因为疫情之后，这些国家恢复经济的愿望更强，而且其能力受损失更大，如果到那时再闭关锁国，则无异于自杀。因此，上述国家更需要借助外部力量，不会做大幅度的政策调整。

在疫情很严重的情况下，西欧国家重要的生产能力并没有受到实质性损害，只是暂时停工，基本市场将在疫情之后会恢复。另一方面，资本追逐利润的本质不会改变。在疫情之后中国与“一带一路”沿线国家的医疗合作和数字合作都面临一些障碍，但可以选择其中一些国家作为试点。

在世界经济整体下滑的情况下，“一带一路”放缓是正常的，中国自身的能力和时机都要做通盘考虑。“一带一路”倡议从2013年提出至今已经7年，疫情造成的冲击确实很大。有一些重要的问题需要持续的关注和研究。

（二）中俄合作助力地区经济重建

1. 为新时代中俄关系赋能①

中国和俄罗斯同为具有全球影响的大国，又互为最大邻国，双边关系对两国总体外交战略的重要意义不言而喻。2019年6月初习近平主席访俄并参加圣彼得堡经济论坛期间，双方宣布将中俄关系提升为新时代全面战略协作伙伴关系。新时代的中俄关系有着与以往不同的丰富内涵，也获得了更为强劲的动力。

（1）拆不散的真伙伴

新时代中俄关系有一个发展过程。20世纪90年代，中俄关系经历过三次提升：由相互视为友好伙伴（1992年）、建设性伙伴关系（1994年），到1996年正式建立战略协作伙伴关系。进入21世纪，中俄稳步推进双边合作，近十年又三次跃升，从全面战略协作伙伴（2011年）到“进入新阶段”（2014年），再迈入“新时代”，在各自的外交布局中都具备了难以替代的优先地位。这样快速的发展在冷战后的全球大国关系中独一无二，成为大国互信合作的典范。2013年3月，习近平就任中国国家主席后首次出访就选择俄罗斯，在莫斯科国际关系学院发表的演讲中提出世界正在“成为你中有我、我中有你的命运共同体”、要建立“以合作共赢为核心的新型国际关系”两个重要理

---

① 本部分作者：孙壮志，中国社会科学院俄罗斯东欧中亚研究所所长，中国社会科学院中俄战略协作高端合作智库副理事长兼秘书长，研究员；文章题目及来源：《为新时代中俄关系赋能》，《世界知识》2020年第11期。

念。2017年中国共产党第十九次全国代表大会报告将构建新型国际关系和人类命运共同体并列为新时代中国外交的两大目标。

新时代的中俄关系在双边务实合作、跨境地方合作、全球和地区治理合作三个层面展开。两国领导人对中俄关系的新定位给予很高评价，反复强调中俄关系已成为互信程度最高、协作水平最高、战略价值最高的一对大国关系。习近平主席在与普京总统会谈时曾强调，中方愿同俄方携手努力，不断放大两国高水平政治关系的积极效应，让两国人民在双方合作中有更多获得感，在国际事务中贡献更多“中俄方案”。两国元首还签署联合声明，宣示共同维护全球战略稳定的意志，体现中俄的大国责任担当和战略协作空间延伸。2020年3月俄罗斯新冠肺炎疫情日趋严重，两国元首在不到两个月时间里三次通话，强调挑战面前相互支持，守望相助，相信经历疫情考验两国战略协作将更加坚韧强大，人民友谊必将历久弥坚。

中俄互为最大邻国，有着4370多千米的共同边界，双方合作有着地缘上的天然优势。20世纪80年代末两国关系实现正常化以后，很快开放了边界口岸，开展边境贸易，通过谈判解决边境地区军事互信和相互裁军问题，以和平方式解决历史遗留的边界争端，并且确立了长期睦邻友好的原则。两国边境贸易起步最早，民间交往非常便利，但由于缺少足够的政治支持和经济的互补性，一直不温不火，所谓中国“资源掠夺”“非法移民”“灰色通关”等论调在俄远东地区被一再炒作。2019年3月因中国企业投资在贝加尔湖建瓶装水厂，在俄罗斯更是引起轩然大波。有居民担心破坏湖畔生态并污染湖水，表示反对，有数十个城市举行抗议集会，最终导致项目流产。尽管这些问题是局部爆发，但已引起双方领导人和有关部门的高度重视。

开展跨境合作和地区交流成为近年两国合作的一个重点。2018—2019年被确定为“中俄地方合作交流年”，包括中国东北和俄罗斯远东、长江和伏尔加河领域的“两江”合作。双方积极完善基础设施、搭建合作平台，在边境地区开展深度合作，同时吸纳更多地区参与。2017 年 9 月习近平主席在厦门金砖峰会期间会见普京总统时强调，要发挥双边合作机制作用，落实一系列重点领域合作项目；开展互联互通等方面项目的对接，促进两国毗邻地区共同发展。2019 年同江铁路桥、黑河公路桥相继合龙，改变了两国界河上没有桥梁的历史，地方合作正吸引越来越多的中国企业赴俄远东地区投资。

发挥交通便利优势，实现边境地区民间交往的规模化、经常化和透明化，消除彼此之间的不信任感，并为青年和媒体搭建更多交流平台，是新时代中俄关系发展的持续要务。中俄之间分布着 22 个陆路口岸，仅黑龙江就有 15 个。2018 年，黑龙江对俄贸易 1220.6 亿元人民币，占全国对俄贸易的 17.3%，较上年增长 64.7%。2019 年黑龙江对俄贸易增长 4%，自由贸易试验区也正式启动，对俄经贸合作区有 16 个，得到更多国家层面政策扶持。双方还利用长江中上游地区和伏尔加河沿岸联邦区地方合作理事会、东北地区和远东及贝加尔地区政府间合作委员会两大机制，以及中俄友好、和平与发展委员会地方合作理事会和 140 对友好省州和城市关系，实现了地方合作交流领域和地域的全覆盖。

（2）务实合作全方位、宽领域、高水平

经贸和人文领域务实合作亮点频出，成为新时代中俄战略协作的重要物质和社会基础。双方表示要继续提升贸易投资便利化的水平，进一步创新合作方式，落实一系列重大项目，延伸合作链条，探索炼油一体化合作模式。中方企业参股“北极液化气—2”项目，两国还在航空航天、数字经济、高新技术领域加强合作，发挥各自优势，共同寻找更具前景的合作增长点。双方金融、农业、地方、旅游等新领域合作不断取得成果：2014 年中国人民银行和俄罗斯央行签署双边本币互换协议；中国已成为赴俄旅游最大客源国，2017 年达到 150 万人次，2019

年增至200万人次；签署了5G项目合作伙伴协议。2019年6月双方签署文件，决定创建10亿美元风险投资基金。虽然新冠肺炎疫情对双方合作势头产生影响，但疫情过后一定会有明显反弹。逐步实施的高科技合作和大项目合作，可以带动两国经贸关系提升到新水平。

人文领域合作交流近几年保持高热度。赴俄深造的中国学生从2016年的1.35万人增加到2019年的4.5万人。两国开始积极准备“2020—2021中俄科技创新年”，这是首次以“科技创新”为主题举办国家年活动，也是中俄关系进入新时代后的第一个国家年，意味着创新领域合作成为两国关系提质升级的风向标。双方还准备设立联合科技创新基金，推进核能、航空、航天、卫星导航、信息技术等领域的合作。中国国家自然科学基金委是俄基础研究基金会的首批合作伙伴。双方在基础学科、新材料、数字化等技术领域开展合作研究，面对新冠肺炎疫情危机，两国决定加强医药合作，联合研制疫苗，共同防范传染性疾病，充分实现优势互补。

当前两国关系中存在的问题也主要集中于经济和社会领域。俄市场对中国产品的需求主要是大众消费品，其他商品还受到一定限制或竞争压力，比如目前中国汽车占俄市场份额很有限，无法弥补对俄贸易逆差。贸易结构依旧不合理，2018年矿产品占俄对华出口总量的77.9%（2017年为70%），排在第二位的是木材和纸制品（占8.9%），机械设备占比仅为2.9%。“一带一路”基础设施在俄项目依旧难以落实，莫斯科—喀山高铁项目2019年3月被俄政府以“重估合理性”为由叫停。新冠肺炎疫情暴发加上国际石油价格暴跌，使双方经贸合作领域过于单一的问题被进一步放大。

合作中出现的问题还是要通过扩大合作的办法来解决。中国已连续九年成为俄最大贸易伙伴，近几年中俄贸易增速在中国所有贸易伙伴中居于首位。俄罗斯重视对华出口，双方能源合作日趋多样化，俄出口中国的石油数量逐年增加，东线天然气管道于 2019 年 12 月建成启动。俄方对华贸易出现明显顺差，这些外汇收入对受西方制裁的俄罗斯来说非常重要。2018 年中俄贸易额首次突破 1000 亿美元，2019 年贸易额达到 1107.57 亿美元，再创历史新高，其中俄方出口为 610.52 亿美元，顺差 113 亿美元。虽然没有出现上一年度的大幅增长，但一些领域出现的新进展值得期待，比如，中方 2019 年前十个月进口俄罗斯农产品同比增长 12.4%，同期中国对俄直接投资同比增长 10.7%，新签工程承包合同 153.8 亿美元，是上年的 5 倍多。一批汽车、制造、电子商务领域的中资企业在俄罗斯投资的项目顺利投产落地。2020 年第一季度在新冠疫情暴发的背景下，中俄贸易仍然逆势增长 3.4%。两国总理 2019 年 9 月会晤时签署公报，到 2024 年要使双边贸易额达到 2000 亿美元。

（3）参与全球治理与实现战略对接

中俄两国都是多边主义的维护者和践行者，在国际和地区事务中开展协商与合作，共同营造更为公正合理的国际秩序，给本国发展创造良好的外部环境。中俄都强调，新形势下任何一个大国都不可能独自决定国际合作的走向，也不可能长期把自身利益凌驾于别国之上。中俄都明确反对狭隘的贸易保护主义和单边主义，主张完善全球治理体系。

新时代的一个突出特点是面临“百年未有之大变局”。中俄两国同属新兴市场国家，致力于推动国际关系民主化、多极化。正是由于两国都关注中亚地区的稳定和发展，上海合作组织这样一个新型合作机制才于 2001 年应运而生。经过近 20 年发展，上合组织目前有 8 个成员国，是欧亚大陆上最大的区域组织，合作空间不断扩大，国际影响力日益提升。两国在国际领域的合作既包括共同参与解决地区热点和全球性问题，也包括在一些战略方向上的充分互动。

需要承认，在俄受到西方制裁、美国对中国发动贸易战的背景下，中俄两国在国际事务中的合作更具“针对性”。双方重视在联合国、G20、金砖机制、上合组织、亚信会议等多边框架内的合作，2019 年 6 月在比什凯克上合组织峰会和杜尚别亚信会议峰会期间，两国领导人单独举行会晤，就进一步加强地区合作达成共识。同年，在 6 月大阪 G20 峰会和 11 月巴西利亚金砖国家领导人峰会期间，中俄元首又举行会晤，强调要携手维护国际关系基本准则，反对干涉他国事务，共同营造公平公正的国际环境。2019 年 7 月两国战机在东海联合巡航和 12 月中国、俄罗斯、伊朗首次在波斯湾举行海上联合军演，体现了共同维护地区和平的决心。近期西方借新冠肺炎疫情污名化中国，俄罗斯领导人多次公开表态，坚决站在中国一边。

两国重大外交倡议和发展战略的对接成为新的“关键词”。2013 年习近平主席提出“一带一路”倡议，2015 年 1 月俄罗斯主导的欧亚经济联盟正式启动。2015 年 5 月中俄领导人签署“一带一路”与欧亚经济联盟对接的声明。2016 年普京在圣彼得堡经济论坛提出“大欧亚伙伴关系”，两国元首同意在此框架下开展对接合作。2018 年双方签署启动经济伙伴关系谈判的政治文件。“对接”是开放式的，体现了双方国际战略的相互配合。

两国在国际舞台上相互借重的态势没有变，首要干扰是美国因素。疫情后美国依然会把中俄作为最主要的对手甚至敌人，国际格局将出现更多复杂变化，中俄全面战略协作的重要性愈益凸显。

新时代中俄全面战略协作伙伴关系是全方位、多层次、强动力、长周期的。两国元首联合声明用“守望相助、深度融通、开拓创新、普惠共赢”16 个字来概括中俄关系在新时代的新内涵。如果说过去中俄合作更多来自领导人决策、自上而下推动、维护安全需要、抵御外部压力等，现在两国关系具备了更坚实的政治、经济、人文和社会基础。经营好中俄关系，需要比较长的历史时期来彼此调适，结伴不结盟、不针对第三方是立足于现实的原则设计。不是说进入新时代就一劳永逸，双方要积极开拓新的合作领域，不断激发合作的内生性动力。

2. **中俄经贸合作向好势头不会因疫情而中断**①

中国的疫情控制基本取得了第一阶段的胜利，全国性的复工、复产、复学已经基本完成。在疫情冲击下，2020 年第一季度全国 GDP 同比减少 6.8%，对外贸易下降 6.4%，其中，出口下降 11.4%，进口下降 0.7%。后疫情时代中国经济增长将面临严峻挑战。但就中俄经贸合作而言，两国经贸合作的上升势头不会因疫情而中断。

疫情对中俄经贸合作的影响主要将呈现出短期和长期两种态势，并将在双边、区域多边和中俄经贸合作的全球背景方面产生需要关注和研究的重要结果。

（1）疫情对中俄经贸合作在双边层面上会造成短期影响

根据俄中国海关数据，2020 年第一季度中国自俄罗斯进口增长 17.3%，总额 162 亿美元。向俄罗斯出口下降 14.6%，总额为 91.5 亿美元。贸易总额同比增长 3.4%，总额达到 253.5 亿美元。

中俄第一季度双边贸易额的变化主要反映的是疫情冲击下来自中国经济基本面变化产生的影响，以及中俄贸易结构和经贸合作特点对这种影响的过滤。俄罗斯的疫情发展进入 4 月之后才逐渐暴发，因此，俄罗斯经济基本面的变化将反映在第二、第三季度的双边贸易和其他合作中。

由于中国经济在第一季度陷入防疫背景下的停工停产，此

① 本部分作者：徐坡岭，中国社会科学院俄罗斯东欧中亚研究所俄罗斯经济室主任，中国社会科学院中俄战略协作高端合作智库理事，研究员；文章题目及来源：《中俄经贸合作向好势头不会因疫情而中断》，俄罗斯国际事务委员会网站。

时俄罗斯经济仍处于增长之中（1—3 月 GDP 增长率分别为 1.7%、2.9% 和 0.8%，第一季度增长 1.8%），因此，中国对俄方的供货明显减少。这是第一季度对俄出口下降 14.6% 的主要原因。同时，由于中国从俄罗斯进口的商品中，73.87% 为石油天然气和其他矿产品，属于长期购销合同，遵循照付不议的交货原则，因此，进口总额基本不受国内经济波动的影响。但由于 3 月 9 日油价大跌，低价背景下进口反而激增。这是自俄进口增长率反而达到 17.6% 的主要原因。

总的来看，由于中俄经贸合作以政府主导、大项目合作为主，疫情冲击的短期影响有限。反映在经贸合作实践中，中俄两国之间包括能源合作、汽车制造、科技、电子商务等重点领域的合作并未受到太大影响，中俄两国经贸合作的基本面和长期向好态势没有改变。一系列大型合作项目，如东线天然气管道项目、亚马尔液化天然气项目等的顺利落实，是中俄贸易额增加的基础。特别是除了能源购销合作之外，开采和加工等上下游项目合作也基本不受疫情影响。为能源进口和能源上下游开采加工顺利实施而进行的基础设施建设项目，目前仍在顺利推进。这些都为中俄经贸合作长期向好提供了保障。

（2）中俄经贸合作的中长期呈向上趋势不会因疫情中断

疫情对中俄合作的中长期影响由中俄经贸合作的结构特征、俄罗斯经济形势、俄罗斯地区经济战略和疫情后全球经济秩序四个方面因素决定。其中，后两个因素是背景因素，而且互为条件。

从中俄贸易结构看，由于政府主导、大项目担纲，能源合作占比俄罗斯对中国出口的主要份额，未来一段时间能源领域供大于求，因此，中国从俄罗斯的进口不会有大的变化。今后可能的亮点是俄罗斯农产品（包括粮食和肉类、油脂类商品）占比上升。中长期中国对俄出口的商品结构仍将以投资品和消费类机电产品担纲。俄罗斯经济增长的速度和经济总量决定需求强度，最终决定对俄出口增速和出口量。疫情期间受冲击最大的服装鞋帽在疫情之后将得到恢复。未来对俄贸易的增长点在高科技领域，包括抗疫医疗产品、数字经济和电商合作领域。

疫情对全球经济秩序和俄罗斯地区经济战略的影响，是构建疫情后中俄经贸关系时需要重点关注的影响变量。

受疫情冲击的影响，经济全球化的内涵和形式将发生巨大变化。各国将更加强调经济安全、经济主权和国内供应链弹性，这将使近年来形成和建构起来的“低库存、高周转和低成本”全球产业链和供应链受到严峻挑战，国际供应链的多元化、高弹性和安全性将成为重要方向。这将威胁中国在近 20 年来形成的全球产业链布局，国际产业链和供应链的本地化、区域化和集团化将威胁中国的全球产业链中心的地位。

后疫情时代，俄罗斯所主导的欧亚经济联盟、大欧亚伙伴关系等机制将进一步加强。由于这些机制的排他性特征，必将从多边层面对中俄经贸合作带来冲击。

（3）中俄经贸合作仍有许多潜力可挖

疫情后中俄经贸合作的走势将继续保持稳健向上的态势，双边层面经贸合作的风险仍然是中俄政治关系和经贸合作关系的互涉，以及经贸合作中非机制化特征带来的不确定性风险。但在全球和区域多边视角下，中俄经贸关系对中国对外经济战略布局的意义进一步提升。

①挖掘新的增长点可以确保疫情后中俄经贸合作继续保持稳健向上的态势

从近年来中俄贸易的总量和结构特征看，商品种类、进出口结构占比基本保持稳定。贸易总量变化的关键变量是俄罗斯经济形势的好坏。但无论俄罗斯经济形势好坏，中国在俄罗斯对外贸易中的地位都是稳定且持续上升的，中俄双边贸易额占俄对外贸易额的比重从 2010 年前后的 13% 稳步上升到 2019 年的 16% 以上。在欧美经济形势因疫情冲击恶化的情况下，俄罗斯在中国的贸易伙伴中重要性显著上升。2020 年第一季度排在中国贸易伙伴国的第九位。今后这一趋势不会改变。

后疫情时代，要推动中俄经贸合作更加平稳地向上发展，需要挖掘新的增长点。在政策思路上，提高两国经贸合作的战略依存度，提高贸易和投资的相互依存度，提高两国产业内分工合作的水平，是政策涉及的主要着力点。其中，加强农业领域合作，提高能源领域的全产业链合作，提高投资合作的水平，提高高技术领域的合作水平，提高数字经济和大数据领域的合作水平，提高大项目实施的效率，是需要重点研究的政策领域。

②提高疫情后中俄双边经贸合作的机制化和相对于政治合作的独立性

中俄经贸合作中的主要风险来自两个方面。一方面是中俄政治合作与经贸合作的相互依存，高质量的政治关系促进了中俄经贸合作，同时也是经贸合作风险的来源。中俄全面战略协作伙伴关系无疑为经贸合作打开了更大空间，但经贸合作需要以利益计算为原则，以规则为基础。以此衡量，中俄经贸合作过度依赖政治关系来协调，增加了经贸合作的不确定性。另一方面，中俄经贸合作以大项目担纲，政府主导，好处是战略依存度高，更加稳定。不利的一面是机制化程度低，民间参与程度低，不确定性风险更高。迄今为止，中俄之间除了涉及大量具体经贸合作问题的协定之外，没有签署《贸易投资合作协议》之类的具有强制约束力的条约性文件。特别是在投资领域，缺乏投资保护的条约性文件，无法降低相关投资风险，民间投资保护程度低，长周期投资受到限制。这方面的政策建议有两条：

第一，提高经贸合作相对于中俄政治关系的独立性，夯实中俄经贸合作的利益和市场原则基础。

第二，提高中俄经贸合作的机制化水平低，尽快落实双边层面的贸易投资合作协议的谈判。

③加强与俄罗斯在区域多边层面的经贸合作，应对疫情对全球产业链、供应链和全球经济秩序的冲击

后疫情时代，经济全球化的趋势不会改变，但经济全球化的内容和形式一定会发生重大变化。首先，涉及国家经济安全的领域，包括粮食、能源、战略领域的产品供应将进一步本地化和集团化。其次，产业内分工相对简单，产业链和供应链长度更加简单的行业，产业链和供应链将进一步区域化和集团化。最后，需要高度协作的复杂产业链和供应链将出现多元化和高弹性化的趋势。这些变化都将威胁到中国目前已经深度参与国际分工的进出口部门。强化内需和产业在国内的分工配套程度能一定程度上降低上述风险，但不能从根本上解决问题，而且也限制和削弱了中国作为世界最大供应商和最大需求市场的地位和战略影响力。继续扩大开放，更加主动参与国际经济循环是中国的战略选择。在这种情况下，应对全球产业链碎片化、区域合、集团化和本地化冲击的有效手段是主动引导和主导全球产业链和供应链的重新布局。俄罗斯是欧亚地区有影响的政治经济大国，加强与俄罗斯在欧亚地区多边层面上的经贸合作，中俄共同构建地区产业分工和治理秩序，是一种有益的战略选择。

3. 建立可持续的中俄科技创新合作①

科技创新合作是新时代全面战略协作伙伴关系的重点方向，早在1992年12月中俄两国政府就签署了《科学技术合作协议》，为恢复中俄科技合作奠定了基础。此后，中俄两国逐渐完善了科技合作机制，从规范合作逐步发展到高科技产业化合作、科技大项目合作和创新合作。

---

① 本部分作者：肖斌，中国社会科学院俄罗斯东欧中亚研究所战略室研究员，中国社会科学院上海合作组织研究中心副秘书长，中国社会科学院中俄战略协作高端合作智库理事。文章题目及来源：《建立可持续的中俄科技创新合作》，俄罗斯国际事务委员会网站。

在合作层次上，中俄两国科技创新合作不仅仅局限于双边层次，在上海合作组织、金砖国家等多边层次的合作也不断加强。应该说，在中俄两国政府的推动下，科技创新合作取得了许多瞩目的成绩。俄罗斯科学院院士、俄罗斯基础研究基金会理事会主席弗拉季斯拉夫·潘琴科（Vladislav Panchenko）表示，俄罗斯基础研究基金会每年与中国国家自然科学基金委联合支持项目超过百余项，在数学、物理、新材料等方面双方科学家共同研究，取得了显著成绩。为推动中俄科技创新合作进一步发展，中俄决定2020年至2021年举办中俄科技创新年，并规划了近800场活动。不过，受新冠肺炎疫情影响，中俄科技创新年既定的规模一定会有所减小，但对既定的合作目标影响不大。

作为全面战略协作伙伴关系的重点领域，中俄科技创新合作有提高两国合作水平的战略目标。中俄科技创新存在着空间广阔的互补性。虽然双方的合作方式市场化还有不足，但实现互利共赢可期。中国拥有世界上规模和潜力最大的高科技应用市场。以信息通信技术（ICT）市场为例，截至2020年1月，中国有8.54亿人使用互联网，占全球互联网用户的18.8%。同期，俄罗斯有1.02亿人使用互联网，占全球互联网用户的2.2%。根据欧洲工商管理学院颁布的全球创新指数（Global Innovation Index），2019年在全球130个经济体中，中国创新指数高于预期，俄罗斯创新指数低于预期。在创新质量方面，中国排名第15位，俄罗斯排名第27位。但是，俄罗斯在基础研究和与军事技术相关的关键数据使用方面的优势明显高于中国。上述互补性令两国的科技合作有着相当可观的发展空间。

未来几年中俄科技创新合作在信息通信技术、人工智能、物联网等领域会有惊人速度。若要推动科技创新合作可持续发展，中俄两国必须协调好合作中的互利共赢。因此，中俄科技创新合作需要坚持“政府与社会资本合作”的模式，政府在合作机制、规范、方向上发挥主导作用，在具体的合作项目上让市场扮演关键角色。通过“政府与社会资本合作”模式提高中俄创新政策协调能力；促进科技创新基础和应用研究均衡发展；鼓励中小型创新企业弥补科技巨头留下的“创新合作洼地”；促进科技创新人才双向流动等。只有实现互利共赢的合作格局，中俄科技创新合作才能成为推动新时代全面战略协作伙伴关系的持久动力。

（三）地区多边合作①

参与全球治理一直是上海合作组织（以下简称“上合组织”）的基本任务之一。近年来，随着世界局势剧变和自身实力上升，参与全球治理在上合组织发展中的重要性和紧迫性日趋凸显。2018 年上合组织青岛峰会明确提出了全球治理的“上合主张”，强调要以平等、共同、综合、合作、可持续安全为基础，构建更加公正、平衡的国际秩序，推动建设相互尊重、公平正义、合作共赢的新型国际关系，确立人类命运共同体的共同理念。这是成员国基于共同需要达成的重要政治共识。面对单边主义、保护主义在全球泛起，青岛峰会专门就贸易便利化问题发表联合声明，发出了积极参与全球化、坚定维护多边贸易体制的上合强音，成为上合组织主动参与全球治理的标志性事件。2019 年上合组织比什凯克峰会宣言进一步强调，应继续完善全球经济治理体系，通过深化合作不断强化以世界贸易组织规则为基础的多边贸易体系，为开展经贸和投资合作创造透明、可预见和稳定的条件，反对国际贸易碎片化和任何形式的

① 本部分作者：邓浩，中国国际问题研究院欧亚研究所研究员，中国上海合作组织研究中心秘书长，中国社会科学院中俄战略协作高端合作智库常务理事。文章题目及来源：《新时期上海合作组织与全球治理》，《国际问题研究》2020 年第 3 期。

贸易保护主义，共同构建开放型世界经济。2019 年上合组织成员国政府首脑会议联合公报强调，通过完善谈判、监督、争端解决等关键职能对世贸组织进行改革，以提高其工作效率。显而易见，全球治理已成为新时期上合组织合作的重要议题和优先方向，其发展走向不仅关系上合组织的前途命运，也将对未来国际和地区秩序产生重要影响。

1. 上合组织参与全球治理的发展历程

上合组织是在“上海五国”机制基础上建立的一个新型区域性国际组织。在着力实施区域治理的同时，随着成员、合作领域、合作机制的不断扩大和完善，上合组织对全球治理的参与度呈现逐渐加大之势。自 2001 年成立至今，上合组织参与全球治理大体经历了三个阶段的发展变化。

从 2001 年成立到 2008 年，这一阶段是上合组织参与全球治理的起步阶段。首先，上合组织将全球治理确立为自身基本任务之一。上合组织在成立宣言中明确指出致力于建立民主、公正、合理的国际政治经济新秩序，并在 2002 年通过的《上海合作组织宪章》和 2007 年通过的《上海合作组织成员国长期睦邻友好合作条约》中得到进一步确认，从而使全球治理与维护地区稳定、促进地区发展并行成为上合组织的三大任务。2004 年 12 月，联合国赋予上合组织联大观察员地位，标志着上合组织获得了世界上最具权威的全球治理机制的认可，为上合组织参与全球治理提供了平台保障。其次，上合组织为全球治理提供了新理念。上合组织在国际关系领域首倡以“互信、互利、平等、协商、尊重多样文明、谋求共同发展”为基本内涵的“上海精神”，积极践行以合作共赢为核心的新安全观、新合作观和新文明观，为全球治理理念贡献了“上合智慧”。最后，上合组织提出全球治理的新主张。上合组织着重针对国际政治安全领域面临的严峻挑战发出上合声音，提出“上合方案”，如呼吁国际社会尽快制定各方都能接受的《关于国际恐怖主义的全面公约》和《制止核恐怖主义行为的公约》；在联合国和安理会的协调作用下建立应对新威胁和挑战的全球体系；制定不在外空部署武器，不针对外空使用武力或以武力相威胁的全面协议；支持联合国和安理会进行合理、必要的改革；加强战略稳定和不扩散大规模杀伤性武器的国际体系；加强国际信息安全合作等。

这一时期是上合组织初创阶段，由于忙于内部建设，加之成员国自身条件不足，如当时只有吉尔吉斯斯坦和中国加入了世界贸易组织，多数成员国还是非世贸组织成员，因此，这一阶段上合组织在全球治理领域更多扮演了跟随者角色，实际影响和作用十分有限。

从2008年到2017年扩员前，这一阶段是上合组织开始积极参与全球治理阶段。首先，中国和俄罗斯开始积极参与并组建具有全球治理功能的国际机构，为上合组织参与全球治理创造了有利条件。作为上合组织的双引擎，中俄两国2008年双双加入G20，2009年共同参与组建了由新兴国家组成的金砖国家机制，加之两国又是联合国安理会常任理事国，这使中俄在全球治理中得以扮演更为重要的角色。在此背景下，上合组织成为中俄更加积极参与全球治理的重要平台。其次，中俄大幅提升了全球治理在本国外交中的地位，分别提出了具有全球治理向度的重大倡议，并把上合组织作为不可或缺的实施平台。2013年至2014年，中国提出并开始实施被称为全球治理中国方案的“一带一路”倡议，提出共商共建共享的全球治理观，同时倡议和支持成立了亚洲基础设施投资银行和金砖国家新开发银行，大大丰富充实了上合组织参与全球治理的理念和手段，增强了上合组织参与全球治理的底气和信心。俄罗斯提出建立欧亚联盟设想和大欧亚伙伴关系倡议，意在新的地区和国际秩序重塑中占据应有一席。更为重要的是，2015年中俄签署“丝绸之路经济带”与欧亚经济联盟对接声明，明确提出将上合组织作为

“一带一盟”对接平台，从而为上合组织在中俄推动下更加有效地参与全球治理提供强大助力。最后，随着大部分成员国加入世贸组织，上合组织开始更多关注全球经济治理，参与全球治理进入了政经并重的新阶段。截至2015年7月，除乌兹别克斯坦外，上合组织其余成员国均已成为世贸组织成员，为其参与全球经济治理创造了有利前提。

这一时期，上合组织在继续关注国际政治安全问题的同时，开始对全球经济问题和治理发出上合声音，如主张建立更加公平、公正、包容、有序，兼顾各方利益，使全球化惠及各国的国际金融秩序；呼吁各国应通过大规模结构改革，实现多元化，提高经济长期竞争力和创新发展，推动世界经济深度改革；提出推动全球经济化进程，维护经济金融稳定，在透明、非歧视和适用于所有参与者的规则基础上开展世界贸易，反对各种贸易保护主义，包括消除现有贸易壁垒和防范新壁垒，支持构建开放性世界经济，维护多边贸易体制等。

从2017年扩员后至今，上合组织参与全球治理进入了主动作为阶段。首先，上合组织扩员大幅提升了自身在全球治理中的分量和能量，为其在全球治理中发挥更大作为提供足够底气。随着印度和巴基斯坦的加入，上合组织发展成为名副其实的体量最大的区域性国际组织，同时容纳中国、俄罗斯、印度三大全球性新兴大国，使上合组织上升为全球治理进程中堪与传统西方大国相匹敌的重要力量。其次，“两个构建”的推出为上合组织在全球治理中发挥更大作用提供了新的强有力的理念支撑。上合组织青岛峰会宣言宣布，要推动建立相互尊重、公平正义、合作共赢的新型国际关系，确立构建人类命运共同体的共同理念，并在2019年比什凯克峰会宣言中再次加以重申，标志着全球治理成为上合组织新的重要发力点。最后，上合组织参与全球治理迈入积极实践的新征程。上合组织青岛峰会专门就贸易便利化问题发表联合声明，这在该组织发展历史上具有开创性，彰显了成员国支持世界贸易便利化、自由化的坚定立场和决心。从2018年《青岛宣言》到2019年《比什凯克宣言》，上合组织都专门就全球经济治理体系问题表明态度和立场，旗帜鲜明地反对单边主义和保护主义，支持构建开放型世界经济，昭示了上合组织积极参与全球经济治理的坚定信心和意志。2017年7月，中俄签署了《关于欧亚经济伙伴关系协定联合可行性研究的联合声明》。2018年5月，中国与欧亚经济联盟正式签署经贸合作协定，标志着上合组织参与全球治理迈出实质性步伐。

2. 上合组织加大参与全球治理的动因

从2017年成功实现首次扩员开始，上合组织参与全球治理驶入快车道，进入了积极进取、主动作为的新阶段。全球治理成为新时期上合组织新的重点攻关方向和增长点，主要有三大动因。

第一，印巴加入为上合组织深入参与全球治理注入强劲动力。印巴加入是上合组织发展进程中具有划时代意义的重大事件，标志着该组织进入全新的历史发展时期，大幅提升了其在全球治理体系中的分量，为上合组织在全球治理中发挥更大作用创造了有利契机。扩员后，上合组织正式成员由6国扩大为8国；人口占世界比例由25%上升到44%；面积由3016.79万平方千米扩大到3384.34万平方千米，占整个地球面积的1/4；在全球GDP占比由15%增加至近25%。上合组织成为欧亚地区乃至全球人口最多、幅员最广、潜力巨大的区域性国际组织，整体实力和国际影响力均大大增强，使其在全球治理中的地位陡然上升，能够扮演更为重要的角色。同时，印巴加入彰显上合组织以“上海精神”为核心的全球治理新理念、新主张的强大感召力和吸引力，大大增强了上合组织推进建设公正合理的国际政治经济新秩序的信心。印巴都是发展中国家，印度还是全球发展中大国和新兴市场大国，两国的加入进一步凸显了上合组织作为发展中国家全球治理机制的特征和优势，更有利于上合组织争取发展中国家在全球治理体系中的话语权与代表性，在全球治理变局中发挥更大推动和引领作用，促使国际秩序朝着有利于发展中国家的方向转变。

第二，中俄强化制度对接合作为上合组织加大参与全球治理提供内在动力。中俄合作对上合组织参与全球治理具有至关重要的影响。近年来，在双方共同努力下，中俄在全球和地区治理上的合作进入了制度对接合作的新时期。2015 年 5 月，中俄两国元首签署“一带一盟”对接合作文件，明确要以上合组织为平台开展合作，为双方开展区域治理合作奠定法律基础。2018 年 6 月，中俄完成关于欧亚经济伙伴关系协定可行性研究，标志着中国“一带一路”倡议和俄罗斯大欧亚伙伴关系倡议进入制度对接合作新阶段，开启了两国全球和区域治理合作新时期。中俄强化各自全球治理方案的制度对接合作，为上合组织加大参与全球治理铺平了道路，清除了障碍，有利于上合组织在更高起点上参与全球治理。与此同时，中俄大幅提高对全球治理问题的重视和投入也对上合组织参与全球治理起到了有力的推动作用。中国实施新时代中国特色大国外交，将“两个构建”作为核心和目标，显示出在全球治理中发挥更大作用的强烈意愿和信心，并积极推动将“两个构建”写入《青岛宣言》和《比什凯克宣言》，使之成功上升为上合组织成员国的集体共识，为上合组织更加积极地参与全球治理提供了强大的思想武器。

习近平主席在青岛峰会讲话中明确指出，我们要坚持共商共建共享的全球治理观，不断完善全球治理体系，推动各国携手建设人类命运共同体，并提出“五观”即新发展观、安全观、合作观、文明观、全球治理观，对“上海精神”内涵做出了全新阐释和概括，进一步揭示了“两个构建”的基本遵循原则。习近平主席在比什凯克峰会讲话中进一步提出，要把上合组织打造成团结互信、安危共担、互利共赢、包容互鉴的典范。这为新时期上合组织在全球治理中发挥更大作用提供了“中国方案”，成为上合组织参与全球治理源源不断的动力之源。

俄罗斯一直是全球治理中的重要角色。近年来，面对全球治理形势日益严峻、美欧制裁持续不断的新形势，俄罗斯更加积极地参与国际政治经济新秩序的构建，并在全球治理领域频频提出主张和改革倡议，力图在全球治理体系重建中占据话语制高点。2016 年 6 月，普京总统在圣彼得堡国际经济论坛上正式提出大欧亚伙伴关系倡议，首批潜在参与者有 40 余个，包括独联体、上合组织、东盟国家，以及韩国、日本、以色列、埃及等，对欧洲也是开放的。大欧亚伙伴关系实质上是俄版全球治理计划，也是其为上合组织参与全球治理提出的“俄罗斯方案”。目前，俄罗斯正在积极完善并大力推进这一计划，其实施客观上也在推动上合组织更加积极地参与全球治理进程。

第三，上合组织加大参与全球治理也是出于应对美国大行单边主义、保守主义的现实需要。特朗普上台后信奉“美国优先”，抛弃其所倡导的自由国际秩序，急速回归单边主义和保守主义，导致全球治理进程严重受阻，治理机制的代表性和有效性大打折扣，呈现碎片化趋势，联合国、亚太经合组织、G20 等主要全球治理多边机制正常有序运转面临严峻挑战。同时，美国出于自身利益需要，肆意挑起大国竞争乃至对抗，将中俄同时定性为“战略竞争对手”，千方百计重建排除中俄的国际和地区秩序，推出所谓“印太战略”、阿富汗新战略、中亚新战略，中俄倡导的维护以联合国为核心、以多边主义为原则的公正合理的国际秩序面临着前所未有的阻力。美国可谓是当前全球治理严重失序失衡的始作俑者，对全球和地区稳定构成巨大挑战。

在此背景下，作为维护地区和全球稳定的重要力量，上合组织义无反顾地挺身而出，高举多边主义旗帜，弘扬合作共赢理念，力阻全球治理发生逆转，确保国际秩序朝着公正合理的方向发展。只有这样，才能有效化解美国霸权主义和强权政治的压力，维护和平发展的国际和地区环境，推动和引领全球治理朝着良性有序的方向前行。

3. 上合组织加大参与全球治理的有利条件

当前，上合组织处于承前启后、继往开来的关键时刻，不论是从外部环境看，还是着眼于自身发展，加大全球治理都已刻不容缓。作为一个成立伊始即把全球治理视为己任的多边机制，上合组织完全有可能在当前完善全球治理进程中发挥应有甚至更大的作为。首先，上合组织具有与时俱进的先进治理理念，为新形势下全球治理提供了方向指引和理念支撑，有可能引领全球治理走上一条希望之路。着眼于防止重蹈冷战覆辙，避免“冷战思维”、零和游戏、文明冲突窠臼，上合组织提出的“上海精神”完全不同于以往西方主导的国际组织理念，打破了传统和现存的很多国际组织和集团不同程度具有的封闭性、排他性、强制性特点，开创了结伴而不结盟、合作而不对抗的新型合作模式。它倡导以平等协商为核心的新合作观，坚持大小国家一律平等，协商一致，以合作促和平，谋发展，维护成员国核心利益，以平等互利方式推动区域合作，实现合作共赢；它践行互信、互利、平等、协作的新型安全观，秉持不结盟、不对抗、不针对第三方的基本原则，坚持不干涉内政，以开放合作方式增强战略互信，为地区发展创造稳定的安全环境；它推广以多元包容为特征的新文明观，提倡充分尊重文明的多样性与各自的道路选择，倡导在求同存异中兼容并蓄，推动文明间交流对话，促进区域认同、和谐区域建设。上合组织提出并践行的全新理念，是对建立公正合理的国际政治经济新秩序做出的创新性有益探索，为冷战后全球治理指明了前进方向。2018 年青岛峰会上，上合组织明确提出要构建新型国际关系和构建人类命运共同体，即“两个构建”。这是对“上海精神”的进一步发展，赋予“上海精神”新的时代内涵，不仅为新时期上合组织发展指明了前进方向，也为新形势下的全球治理贡献了新的先进理念。

习近平主席在青岛峰会讲话中进一步提出了弘扬“上海精神”的新“五观”，即创新、协调、绿色、开放、共享的发展观，共同、综合、合作、可持续的安全观，开放、融通、互利、共赢的合作观，平等、互鉴、对话、包容的文明观和共商共建共享的全球治理观，赢得成员国的广泛支持和认同。这是对“两个构建”理念的具体化，揭示了“两个构建”的基本遵循，使“上海精神”与“两个构建”有机地融为一体，代表了时代发展潮流和广大发展中国家的诉求，为新形势下全球治理贡献了新智慧、新理念，对于改变目前全球治理碎片化状态，完善全球治理价值体系，构建更好地体现发展中国家和新兴国家权益的新型国际秩序具有重要的指导作用和现实意义。

其次，上合组织高度注重制度和规范建设，为新形势下构建全球治理制度体系提供了有益借鉴，有可能加速全球治理走出失序状态。世界各国千差万别，如何制定一套为各方认可接受并行之有效的规则制度是全球治理面临的主要难题，上合组织对此一直不懈探索，其实践经验对破解全球治理难题具有重要借鉴和参考价值。自成立以来，上合组织一直按照循序渐进、由易到难、求同存异、互利共赢的原则，积极稳妥地推进本组织的制度体系建设。上合组织成立伊始即通过了打击“三股势力”的《上海公约》，在国际上第一次从法律上清晰地界定了恐怖主义、极端主义和分裂主义概念，为成员国合作打击“三股势力”提供了法律依据。在此基础上，上合组织先后通过了《上海合作组织反恐怖主义公约》（2009 年 6 月）和《上海合作组织反极端主义公约》（2017 年 6 月），进一步细化了打击“三股势力”法律制度，使之更臻完善和系统，为全球合力打击

“三股势力”积累了宝贵的制度建设经验。与此同时，针对地区存在的毒品、非法贩运武器等跨国犯罪行径，上合组织也制定出台了相应法律文件，如《上海合作组织成员国关于打击非法贩运麻醉药品、精神药物及其前体的协定》（2004 年 6 月）、《上海合作组织成员国合作打击非法贩运武器、弹药和爆炸物品的协定》（2008 年 8 月）、《上海合作组织成员国保障国际信息安全政府间协定》（2009 年 6 月）等，使上合组织在安全合作上形成了比较完备的法律制度体系，为成员国之间的安全合作提供了法律武器，有效维护了地区安全与稳定。上合组织在安全合作上的法律制度不仅促进了本组织地区的安全治理，也对全球安全治理提供了可资借鉴的制度范本，具有示范性和普适性。

同时，上合组织在经济合作上也在加大制度化建设。2014 年，上合组织成员国元首签署《上海合作组织成员国政府间国际道路便利化协定》，标志着经济合作制度建设取得里程碑式的重要进展。2019 年，上合组织政府首脑会议批准了新版经贸合作纲要，表示将进一步积极推进区域贸易和投资便利化、自由化进程，不断完善区域经济合作制度安排。目前，成员国正在积极商签《上海合作组织成员国贸易便利化协定》《上海合作组织成员国服务贸易框架协定》，这将为推动地区贸易便利化奠定不可缺少的法律基础，为全球经济治理贡献新的“上合智慧”和“上合方案”。上合组织在合作制度上的有益探索和实践对于构建更加公正合理的国际政治经济新秩序是一笔宝贵的财富，也是上合组织对全球治理的重要贡献和价值所在。

最后，上合组织秉持对外开放，加强国际合作，积极构筑多边伙伴网络，为更加积极地参与全球治理提供了重要抓手。与全球治理机构建立联系和协作是上合组织直接参与全球治理的重要途径。上合组织一直把联合国视为全球治理的核心，致力于维护联合国权威，积极与联合国及其分支机构建立联系和发展合作，力图通过联合国参与到改革和建设全球治理的进程。

2004 年，上合组织成为联合国观察员，获得参与联大会议和工作的权利；2009 年，第 64 届联大全体会议通过《联合国与上合组织之间的合作》决议，强调联合国与上合组织加强对话、合作与协调的重要性；2010 年，上合组织秘书处与联合国秘书处签署相互合作联合声明，表示将合作应对国际社会面临的新挑战与威胁；2011 年以来，上合组织秘书处先后与联合国毒品和犯罪办公室、联合国亚洲及太平洋经济社会委员会秘书处、联合国教科文组织签署合作谅解备忘录。2019 年 3 月，上合组织反恐怖机构与联合国安理会反恐委员会执行局签署了合作备忘录。上合组织与联合国开发计划署、联合国预防外交中心、国际货币基金组织、世界银行也开展了不定期交流与对话。显而易见，上合组织与联合国及其分支机构建立日益密切的联系与合作，为其在全球治理中发挥更大作用创造了便利条件。与此同时，上合组织也注重与地区性国际组织或机制性协作机构建立联系和协作，为其更好地参与全球治理增添助力。从 2005 年开始至今，上合组织陆续与独立国家联合体（CIS）、东南亚国家联盟（ASEAN）、独联体集体安全条约组织（CSTO）、中西亚经济合作组织（ECO）、亚信会议（CICA）等签署了正式合作文件。与欧安组织、金砖国家机制、欧亚经济联盟也建立了联系。上合组织不断扩大对外交往和多边合作，为其更加有效地参与全球治理进程创造了得天独厚的有利条件。

4. 上合组织参与全球治理面临的主要挑战

当今世界正经历百年未有之大变局，全球治理面临前所未有的严峻形势。在此背景下，上合组织参与全球治理不可避免地遭逢内外多重挑战。从外部看，西方国家尤其是美国占据全球治理主导地位，其对上合组织参与全球治理竭力干扰、阻遏和打压，成为制约上合组织参与全球治理最主要的外部因素。一方面，美国等西方保守势力始终固守冷战思维，认为上合组织具有地缘政治色彩，是“东方北约”，将“上海精神”称为“威权主义范式”，视之为对西方价值观的挑战。同时，极力渲染夸大上合组织内部差异，声称印度和巴基斯坦的加入损害了组织凝聚力，进一步冲淡了既有日程，使其沦为无效的“清谈馆”。西方的误解和偏见给上合组织参与全球治理带来严重的消极和负面影响。另一方面，特朗普治下的美国公开将中国和俄罗斯定性为“修正主义国家”和战略竞争对手，明确把秩序、制度之争作为与中俄竞争的重心所在，并推出带有浓厚地缘政治色彩的战略规划，企图将中俄排除在新的国际和地区秩序之外，从而对中俄力推上合组织参与全球治理构成严重阻碍。同时，肆意抹黑、贬损、阻止中国“一带一路”倡议，认为其是在谋求规则制定权，不能容忍其挑战美国主导的国际秩序，并推出美版的基础设施和互联互通方案，联手欧盟，极力分化拉拢地区国家，与“一带一路”一争高下。美国不断加大与中俄在全球和地区治理上的竞争，对中俄致力于推进上合组织参与全球治理构成直接挑战。与此同时，上合组织地区是一个在全球治理中相对滞后、治理赤字比较严重的区域。当前，上合组织地区存在多种治理机制和方案，竞争色彩浓厚，甚至存在明显的对抗性和排他性，加之地区安全形势复杂多变，经济发展困难重重，上合组织地区治理环境不容乐观，给上合组织参与全球治理投上阴影。从内部来看，随着印巴的加入，上合组织内部多样性和差异性更加凸显，协调一致行动面临更大困难。上合组织成员国在政治制度、经济发展和文化传统上各具特点，彼此之间关系错综复杂，利益相互交织，导致成员国在上合组织参与全球治理问题上很难步调一致，在诸如如何对待现行国际体系、如何处理与西方国家和集团关系、如何确立上合组织在全球治理中的角色和目标、如何推进区域合作等重大问题上，成员国之间尚需进一步协调立场，凝聚共识。强化共同价值观和集体认同理念始终是上合组织面临的艰巨任务。同时，如何将先进理念和地区实际相结合，切实有效推动各项合作，上合组织尚未拿出令人满意的答卷，尤其是区域经济合作进展有限，成员国迄今未能在建立开发银行、专门账户以及建立自贸区问题上达成一致，导致上合组织经济合作成效不彰，进展迟缓。自身实力和能力的不足对上合组织参与全球治理构成严重羁绊，使其示范和先行作用大打折扣。

5. 上合组织参与全球治理的基本路径

未来5—10年是上合组织成员国发展振兴的关键期和机遇期，也是上合组织参与全球治理的关键期和机遇期。总的来看，上合组织在参与全球治理进程中虽面临不少困难，但机遇更大更多。上合组织应立足当下，着眼长远，统筹规划，精心施策，积极参与全球治理进程，努力为建设公正合理的国际政治经济新秩序做出应有贡献。

（1）提升全球治理在上合组织合作中的地位

与安全、经济、人文三大合作相比，全球治理在上合组织中仍是一个相对薄弱、滞后的合作领域，还有巨大的发展潜力和空间，理当适应形势需要，积极主动挖掘上合组织潜藏的巨大优势，努力使全球治理成为上合组织合作新的增长点。首先，应切实提高对上合组织参与全球治理重要性和紧迫性的认识。构建人类命运共同体已写入上合组织峰会文件，成为成员国集体共识，为新时期上合组织发展指明了奋斗目标和前进方向，而参与全球治理是构建人类命运共同体的必然要求和现实需要。应从构建人类命运共同体的高度充分认识全球治理在新时期上合组织发展中的重要价值，将参与全球治理与构建上合组织命运共同体紧密联系在一起。同时，从全球治理的高度审视上合组织各项合作，充分认识各项合作不仅要维护本地区安全与稳定、促进区域发展和繁荣，而且必须放眼全球，从合作理念、合作规则、合作模式等方面提供更多公共产品，从而发挥示范和引领作用。其次，应加重全球治理在上合组织合作中的分量。上合组织历次元首峰会联合声明或宣言均对重大国际和地区问题表明原则立场，但迄今未能形成专门文件。上合组织应在历次峰会文件基础上，充分征求成员国意见，最大限度凝聚各方共识，最终就全球和地区面临的重大问题发表专门的元首联合声明，彰显上合组织对全球治理的高度重视。待条件成熟时，可以着手制定上合组织共同的外交和安全构想，为上合组织参与全球治理提供行动指南。面对日益增多的全球性挑战和地区重大突发事件，上合组织应更加积极主动及时发声，可以考虑适当扩大常设机构秘书处权限，授权其代表上合组织就国际和地区重大热点问题及时发表声明，阐明原则立场，以提高上合组织应急反应能力和效率，可在秘书处下设相应的工作组。最后，把全球治理作为对外合作的工作重点和目标。应把全球治理作为加强成员国与观察员国、对话伙伴关系的重要内容，积极开展交流对话，交换意见，协调立场，凝聚共识，可以将成员国通过的具有普适性特点的法律文件，如《上海合作组织成员国长期睦邻友好合作条约》《打击恐怖主义、极端主义和分裂主义上海公约》等扩大签署至观察员国和对话伙伴，扩大其影响力和辐射力，使观察员国和对话伙伴成为上合组织参与全球治理可以依靠的同盟军。同时，从全球治理高度，深挖上合组织与联合国等国际和地区组织的合作潜力，促进彼此合作走深走实。应与已签署合作文件的国际和地区组织商讨制定更为具体的、可操作的合作交流计划，加大相关政策的协调、规则的对接，做好“软性”合作，积极将双方达成的共识转化成实际行动；更加主动地开展对外磋商，就全球面临的迫切议题开展专题对话，努力形成共同立场，采取更多的联合行动。面对当前新冠肺炎疫情，应加大与世卫组织联系，推动全球公共卫生安全治理，确保有效防控疫情；继续拓展对外合作空间，积极与 G20、金砖国家机制等全球治理机构建立常态化机制性联系，尤其应与金砖国家机制建立更加密切的合作机制，时机成熟时可以两个机构的名义共同推出全球治理的主张和倡议；切实从构建人类命运共同体的高度对待西方主导的国际和地区组织，以开放、自信的姿态主动与欧盟、欧安组织等建立联系，真正践行共商共建共享的全球治理观。

（2）提高自身参与全球治理的能力

当前上合组织的实力和影响尚不足以在全球治理中扮演主角，应从实际出发，立足本地区，从区域治理做起，练好内功，进一步释放自身内部潜力。一要加大成员国之间的战略对接和政策沟通。作为双引擎，中俄应积极推进“一带一盟”对接合作，切实落实中国与欧亚经济联盟经贸合作协定，加快共建欧亚经济伙伴关系，共同为本地区区域治理乃至全球治理提供更多公共产品。中俄印应努力在上合框架内形成良性互动，必要时可以建立中俄印关于上合组织合作的磋商机制，加强在重大问题上的立场协调，凝聚在全球和区域治理问题上的共识，合力推动上合组织在全球治理领域发挥更大作用。应切实遵循大小国家一律平等原则，尊重中小成员国的利益关切，充分调动其参与全球治理的积极性，鼓励支持其提出全球治理的倡议和主张，使其成为上合组织参与全球治理不可缺少的积极参与者、推动者和贡献者。二要始终保持先进理念。在坚持“上海精神”，坚持不结盟、不对抗、不针对第三方原则的同时，与时俱进，将得到成员国广泛认同的构建新型国际关系和构建人类命运共同体思想融入新时期上合组织的核心价值体系，并将得到成员国支持的新安全观、发展观、合作观、文明观和全球治理观，即“五观”理念充实到“上海精神”中，引导上合组织理念升级，并使之统摄上合组织各领域合作，成为上合组织合作的行动指南。三是从全球治理高度改革和完善制度体系。目前，上合组织通过实施的具有约束力的文件十分有限，严重制约着上合组织的行动力和效率，也使上合组织制度的推广、复制价值大大降低，为此，应把有一定约束力的制度建设作为上合组织制度建设的重心。考虑到经济合作的重要性和参与全球经济治理的现实需要，应加大经济合作的制度化、规范化建设，可以先从建立贸易和投资便利化制度做起，加紧落实《上合组织成员国政府间国际道路便利化协定》，争取尽早签署《上合组织贸易便利化协定》，推动关于服务贸易合作框架谈判，探索商签投资、海关、质检等方面的多边合作协议。同时，为确保制度落实和效率，应加强相应的工作机制建设，加大制度履行监督力度，最大限度地发挥制度规范效力。

（3）着力参与全球经济治理改革和建设

由于美国肆意挥舞关税大棒，大行单边主义、保守主义和贸易霸凌主义，导致全球经济治理乱象丛生，失序加剧。经济治理已成为当前全球治理中的当务之急。同时，在美国等西方国家始终以有色眼镜看待上合组织、美国加大对中俄全面打压、扩员后成员国利益诉求差异加大的背景下，上合组织参与全球政治安全治理的难度和阻力空前加大，而经济治理敏感度相对较低，加之扩员后上合组织经济实力明显增强，发展成为各国核心聚焦，应把经济治理作为当前上合组织参与全球治理的重点。上合组织参与全球经济治理应根据形势和自身发展需要，区分轻重缓急，切实遵循循序渐进、由易到难的原则，逐步推进。一要高举多边主义旗帜，坚决维护基于世贸规则为基础的多边贸易体制，维护开放、包容、透明、非歧视等世贸组织核心价值和基本原则，保障新兴国家和发展中国家权益和政策空间，坚持各方广泛协商，循序推进改革。由于世贸组织改革势在必行，上合组织可以考虑就此发表联合声明，阐明原则立场，提出“上合方案”。二是推动国际货币金融体系改革，提高新兴市场国家和发展中国家的代表性和话语权，促进国际货币朝着多元化方向发展，构筑更加牢固的全球金融安全网络。三是坚持共同但有区别责任的原则，推动《巴黎气候变化协议》贯彻落实。四是把发展置于全球经济治理改革和建设的优先突出位置，落实好联合国《2030 年可持续发展议程》，敦促发达国家对发展中国家的援助承诺，维护发展中国家的发展利益和空间。

（4）创新参与全球治理方式

目前上合组织参与全球治理主要是通过发表声明、宣言等方式，比较单一，效率有限，其中的一个主要制约因素是“协商一致”原则。这是上合组织各项决策的基本方式，充分体现了大小国家一律平等的基本原则，保证了各成员国之间的权利平等，但客观上也对决策效率构成日益严重的影响，成为上合组织参与全球治理效率的一大制约因素。为此，可以考虑对这一基本原则进行创新性运用。如在坚持重大问题“协商一致”的同时，在其他一般问题上采取“简单多数”原则，而非事事处处都要“协商一致”，以免自缚手脚，影响效率。同时，对“不干涉内政”原则有必要采取一定的灵活态度。如果上合组织长期对成员国之间以及周边热点严格按照“不干涉内政”原则不闻不问，无所作为，势必严重削弱组织的影响力和凝聚力，也会使其参与全球治理的能力大打折扣。为此，应积极考虑实施“建设性介入”政策，即在坚持“不干涉内政”原则基础上，在充分尊重成员国和有关当事国国家主权和领土完整前提下，依据成员国和当事国需求，采取必要的介入措施，以帮助化解矛盾，缓和危机，防止事态恶化，引导事态向积极方向发展，切实维护当事国乃至整个地区的安全与稳定，彰显上合组织“负责任国际组织”的威望。

孙壮志，现任中国社会科学院俄罗斯东欧中亚研究所所长，中国俄罗斯东欧中亚学会副会长，中国中亚友好协会副会长，中俄战略协作高端合作智库副理事长兼秘书长，中国社会科学院上海合作组织研究中心秘书长，中国廉政研究中心副理事长。研究员，中国社会科学院研究生院教授，博士生导师。兼任中联部当代世界研究中心常务理事，新华社特约观察员，多所高校兼职教授。研究领域为区域合作与国际关系、上海合作组织、独联体国家社会政治等。代表作有《中亚新格局与地区安全》（中国社会科学出版社 2001 年版）、《上海合作组织研究》（长春出版社 2007 年版）、《独联体国家“颜色革命”研究》（中国社会科学出版社 2011 年版）、《中亚国家的跨境合作研究》（上海大学出版社 2014 年版）。